Mosaik

MARY QUANT
DAS GROSSE MAKE-UP-BUCH

MARY QUANT
DAS GROSSE MAKE-UP-BUCH

DIE KLASSISCHE SCHMINKSCHULE

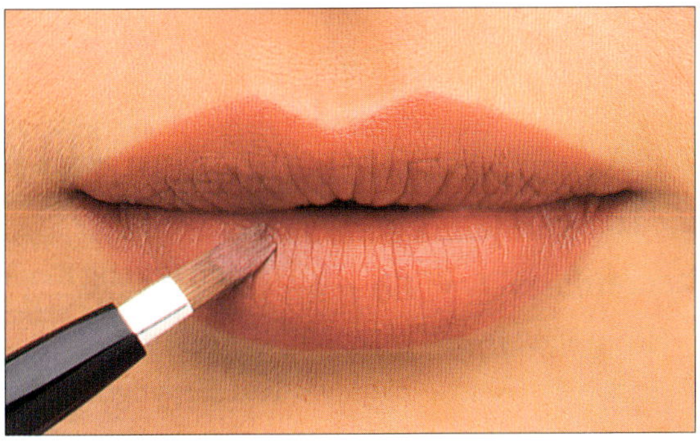

MIT SCHÖNHEITSPFLEGE,
TYP- UND FARBBERATUNG

FOTOS
MAUREEN BARRYMORE
DAVE KING

Mosaik Verlag

Einleitung

Die Macht des Make-ups

Make-up hat die Macht, Sie in die Stimmung für das vor Ihnen Liegende zu bringen. Es kann Ihnen helfen, so zu sein, wie Sie gerne wären, und es kann Sie darin unterstützen, sich selbstsicher zu fühlen, bevor Sie sich in Ihre Aktivitäten stürzen. Wenn Sie sich mit Ihrem Make-up wohl fühlen, werden Sie keinen Gedanken mehr daran verschwenden und ganz Sie selbst sein.

Schon immer hat mich die Wirkung von Make-up, von Farbe im Gesicht, fasziniert. Oft zögern wir, wenn es darum geht, einmal eine andere Lippenstift- oder Lidschattenfarbe auszuprobieren – aber dies zu tun bedeutet, der Mode zu folgen. Ich glaube fest an das Experimentieren mit Farbe, denn manchmal führt ein neuer Versuch zu einem tollen Ergebnis. Dieses Buch zeigt Ihnen, wie Sie mühelos Farben auswählen und miteinander kombinieren können.

Entdecken Sie ein neues Ich

Seinen Stil muß man erforschen – das gilt auch für das Make-up. Versuchen Sie, Ihr Make-up nicht als eine Art Tarnanstrich zu betrachten. Ganz im Gegenteil: Es soll die Stärken Ihres Gesichts betonen und auch einmal eine andere Seite Ihrer Persönlichkeit zeigen – vielleicht sogar eine, die Sie selbst noch gar nicht kannten. Mal glamourös, mal hübsch, mal so natürlich wie möglich – wie breit die Palette sein soll, können Sie selbst bestimmen. In diesem Buch finden Sie viele unterschiedliche Looks, die Sie inspirieren sollen.

Die grossen Regeln und kleinen Tricks

Auch wenn Sie ein gutes Gespür für Mode und Farben haben und über viel Kreativität verfügen, kann das fertige Make-up trotzdem mißlungen aussehen, nur weil Sie nicht wissen, wie man es richtig aufträgt. Wenn Sie sich aber die Zeit nehmen, um sich mit den Grundregeln vertraut zu machen und die kleinen Tricks zu üben, die wir Ihnen in den Schritt-für-Schritt-Anleitungen verraten, werden Sie schon bald den flüssigen Eyeliner ohne abzusetzen auftragen, Ihre Wangen mit einem gekonnten Pinselstrich modellieren, Ihre Lippen perfekt konturieren und sogar falsche Wimpern mühelos ankleben können.

Die Voraussetzungen für ein strahlendes Aussehen

Grundlage für ein gelungenes Make-up ist eine gesunde, reine Haut. Und deshalb ist Hautpflege und das Wissen darüber, was der eigene Hauttyp benötigt, so wichtig – und um beides geht es in diesem Buch. So oft wie möglich sollte man das Hautpflege-Programm durch eine Tiefenreinigung, beispielsweise mit einer Maske, ergänzen. Aber das Gesicht ist nicht alles – pflegen Sie auch Ihren Körper; gönnen Sie ihm alles, was ihm guttut: von einem ausgedehnten warmen Bad bis hin zu einer straffenden Massage. Reservieren Sie sich jeden Tag ein wenig Zeit für sich selbst, für Ihr Aussehen und Ihr Wohlbefinden. Dieses Buch zeigt Ihnen, wie Sie das erreichen.

Mary Quant.

Die schönsten Make-ups

Von der strahlenden Abendschönheit bis hin zu natürlicher Transparenz – mit einem geschickten Make-up lassen sich viele Wirkungen erzielen. Im folgenden finden Sie acht unterschiedliche Stile

für jede Gelegenheit. Die Schritt-für-Schritt-Anleitungen zeigen, wie das Make-up entsteht; alle dafür notwendigen Kosmetika sind abgebildet. Und wenn Sie mehr Erfahrung haben, kreieren Sie Ihren eigenen Look – lassen

Sie sich dabei von vergangenen oder aktuellen Moden inspirieren.

KÜHLER SCHEIN

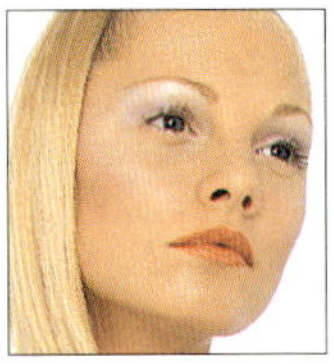

Der Schlüssel zu diesem kühlen, kräftigen Tages-Make-up liegt in der geschickten Mischung der blassen Perlglanz-Lidschatten. Weiß, Lila, Pink und Koralle ergeben zusammen eine eisig-schimmernde Wirkung, die sich besonders für düstere Wintertage eignet. Die Wangen werden ebenfalls mit perlmuttfarbenem Lidschatten betont, was den frostigen Effekt noch verstärkt. Wimpern und Brauen sind in sanftem Braun gehalten, während der Orangeton der Lippen und ein Hauch orangefarbenes Rouge einen interessanten Kontrast schaffen.

STYLING-TIPS

- *Die kühle Wirkung läßt sich noch durch eine Grundierung verstärken, die heller als Ihr Hautton ist. Außerdem einen Hauch perlmuttfarbenen Puder (Highlighter) auf Gesicht, Hals und Schultern verteilen.*
- *Zunächst sparsam mit dem Lidschatten umgehen: Wenn Ihnen das Mischen der verschiedenen Farben gelingt, können Sie immer noch mehr auftragen.*
- *Um die schimmernde Wirkung abzurunden, wählen Sie einen Nagellack, dessen Farbe eine der Lidschattenfarben aufgreift, zum Beispiel Lila oder Pink.*
- *Dieses eher raffinierte Make-up läßt sich gut mit schlichter, aber dennoch extravaganter Kleidung kombinieren – Silber, Schwarz oder Nachtblau verstärken die Wirkung des Make-ups.*

DAS MAKE-UP AUFTRAGEN

1 Kompaktgrundierung auf Gesicht und Hals aufragen (siehe Seite 74–75).

2 Augenbrauen in Form bürsten und falls nötig mit braunem Brauenstift nachstricheln (siehe Seite 92–93).

3 Bis zu den Brauen perlmuttfarbenen Lidschatten auftragen. Der lilafarbene wird entlang der Ober- und Unterlidwimpern aufgetragen. Dann folgt das Perlglanz-Pink von der Lidmitte nach außen. Augenwinkel innen mit korallenfarbenem Lidschatten tüpfeln (siehe Seite 86–87).

4 Wimpern, falls nötig, mit der Wimpernzange formen. Dann die Wimpern hellbraun tuschen (siehe Seite 90–91).

5 Betonen Sie die Wangenknochen mit perlmuttweißem Lidschatten. Darunter hellorangefarbenes Rouge auftragen (siehe Seite 80–81).

6 Die Lippen mit orangebräunlichem Konturenstift umranden und mit passendem Lippenstift ausfüllen (siehe Seite 96–97).

Das fertige Make-up
Die kühlen, leuchtenden Tagesfarben entfalten, geschickt vermischt, eine schimmernde Wirkung.

Swinging Sixties

Dunkel umrandete, rauchig wirkende Augen und blaß geschminkte Lippen machen den typischen Look der Sechziger aus, für den Mary Quant so bekannt ist. Auf jeden Fall ist für dieses auffallende Augen-Make-up etwas Mut gefragt: schwarzer Lidschatten rund ums Auge, Ober- und Unterlid werden zusätzlich durch einen schwarzen Lidstrich betont und die Wimpern schwarz getuscht. Die zarte Grundierung läßt die Augen förmlich »glühen«, und ein Hauch Rouge sorgt für frisches Aussehen.

Styling-Tips

- *Ein noch blasserer Lippenstift (etwa Weiß) verstärkt den spannungsreichen Kontrast.*
- *Nur einen Hauch Rouge auftragen – zuviel würde für den Sechziger-Stil zu frisch wirken.*
- *Vor dem Auftragen des Lidschattens losen Puder unter die Augen stäuben, um herabfallende Farbe aufzufangen; danach entfernen.*
- *Ein gerade geschnittener Pagenkopf oder Bob paßt hervorragend zu diesem Stil. Man kann das Haar aber auch glatt zurückkämmen.*
- *Um den Stil wirklich perfekt zu machen, trägt man zu diesem Make-up die Mode der Sechziger: zum Beispiel einen schwarzen Polo-Pullover, kombiniert mit einer schmalen, einfarbigen Hose oder einem Minirock.*

Das Make-up auftragen

1 Kompaktgrundierung (blasser Farbton) auf Gesicht und Hals aufragen (siehe Seite 74–75).

2 Augenbrauen in Form bürsten und mit braunem Brauenstift oder braunem Lidschatten betonen (siehe Seite 92–93).

3 Schwarzen Lidschatten auf die Lider bis in die Mitte des Brauenbogens auftragen und rund ums Auge fortsetzen, so daß fast ein Kreis entsteht. Über dem Auge von der Lidfalte bis zur Braue, am Unterlid bis zum inneren Augenwinkel perlmuttbeigen Lidschatten verteilen (siehe Seite 86–87).

4 Am oberen Lidrand bis zum äußeren Augenwinkel mit flüssigem Eyeliner einen schmalen Strich ziehen (siehe Seite 88–89).

5 Wimpern formen und mindestens zweimal tuschen (siehe Seite 90–91).

6 Am inneren unteren Lidrand Kohl-Kajal auftragen (siehe Seite 88–89).

7 Hellrosa Rouge auf die Wangenknochen geben (siehe Seite 80– 81).

8 Lippen blaßbeige ausmalen; nötigenfalls zwei Schichten Lippenstift auftragen (siehe Seite 96–97).

Das fertige Make-up
Die ausdrucksstarken Augen und die blassen Lippen lassen den typischen Stil der Sechziger entstehen.

Natürliche Transparenz

Diese fast transparente Wirkung ist der vielleicht am schwierigsten zu erzielende Effekt, denn man muß das Make-up sehr geschickt auftragen und die richtigen Farben wählen. Ziel ist ein gesundes Aussehen, das man durch eine Grundierung erreicht, die den natürlichen Hautton eher betont als kaschiert, sowie durch ein Rouge, das sich perfekt mit der Grundierung verbindet. Die Wimpern werden nur ganz zart getuscht, und auch die Lippen bekommen nur einen Hauch Farbe. Der Lidschatten nimmt das helle Rosa des Rouge auf.

Styling-Tips

- *Nach dem Tuschen die Wimpern mit einem Wimpernbürstchen trennen, so daß sie nicht zusammenkleben.*
- *Die Nägel sollten eckig gefeilt und nicht zu lang sein. Entweder transparent oder in hellem Rosa-Beige lackieren.*
- *Um frisch und gesund auszusehen, Grundierung mit Lichtschutzfaktor oder Feuchtigkeitskomplex wählen oder nur eine leicht getönte Feuchtigkeitscreme auftragen.*
- *Die frische Wirkung dieses Make-ups paßt am besten zu Kleidung aus Naturfasern, wie zum Beispiel Leinen oder Baumwolle.*
- *Betont wird dieses Make-up durch gesundes, natürlich wirkendes, glänzendes Haar.*

Das Make-up auftragen

Puder

1 Flüssiggrundierung im Hautton auftragen, anschließend mit transparentem Puder mattieren (siehe Seite 76–77).

Lidschatten

2 Augenbrauen in Form bürsten, dann braungrauen Lidschatten auftragen (siehe Seite 92–93).

Lidschatten

3 Im ganzen Augenbereich hellrosa, auf dem Oberlid braunen Lidschatten, entlang der Lidfalte dunkleres Rosé auftragen und verwischen. Braunen Lidschatten für das Unterlid, einen dunkleren Farbton am oberen Wimpernansatz verwenden (siehe Seite 86–87).

4 Wimpern nötigenfalls formen. Obere und untere Wimpern zart schwarz tuschen (siehe Seite 90–91).

Mascara

Rouge

5 Um frisch und gesund auszusehen, zartrosa Rouge auf die Wangen geben (siehe Seite 80–81).

6 Lippen in einem sanften Rot oder Rosa ausfüllen, das zum Rouge paßt (siehe Seite 96–97).

Lippenstift

Das fertige Make-up
Dieses fast unsichtbare Make-up verleiht dem Gesicht ein gesundes, natürliches Aussehen.

Herbstglanz

Dieser weiche, aber glamouröse Look besteht aus einer Palette satter Herbstfarben. Dieses Make-up, das man sowohl tagsüber als auch abends tragen kann, basiert auf subtilen Texturen und geschickten Farbabstufungen in verschiedenen Dunkelrot- und Violettönen. Die Augen erscheinen weich und warm, die Lippen sinnlich und voll, und das Ganze wird durch eine warme Grundierung sowie das rostfarbene Rouge abgerundet. Als besonderen Blickfang wählt man einen Haarschmuck, der die Farbschattierungen des Make-ups aufgreift.

Styling-Tips

- *Verwischen Sie die Lidschatten, um eine weichere, sattere Wirkung zu erzielen.*
- *Wählen Sie einen Brauenstift, dessen Farbe Ihrer natürlichen Brauenfarbe möglichst nahe kommt. Beim Augenbrauenzupfen nur die Härchen unterhalb des Brauenbogens entfernen.*
- *Tuschen Sie Ihre Wimpern zweimal – so wirken Ihre Augen dunkler und intensiver.*
- *Um die Wirkung des Make-ups zu verstärken, wählen Sie Kleidung in denselben satten Farben; besonders gut paßt Samt dazu.*
- *Um dem Ganzen Glanz zu verleihen, wählen Sie glänzende, glitzernde Accessoires wie eine Straßspange oder -kette.*
- *Vermeiden Sie strenge, enganliegende Frisuren; wählen Sie zu diesem Make-up eine sanfte Frisur, die das Gesicht locker umspielt.*

Das Make-up auftragen

1 Tragen Sie eine Kompaktgrundierung auf (siehe Seite 74–75).

2 Bürsten Sie Ihre Augenbrauen in Form, und ziehen Sie sie nötigenfalls mit einem braunen Brauenstift nach (siehe Seite 92–93).

3 Lidschatten in dunklem Pink auf das Oberlid auftragen und vom inneren Augenwinkel zum äußeren hin dunkelvioletten Lidschatten darübergeben. Das Dunkelviolett auch unter dem Auge auftragen; leicht verwischen. In der oberen Lidfalte rostfarbenen Lidschatten auftragen und zur Braue hin verwischen (siehe Seite 86–87).

4 Ziehen Sie über den Oberlidwimpern mit flüssigem Eyeliner einen schwarzen Lidstrich, und geben Sie etwas auberginefarbenen Lidschatten darüber (siehe Seite 88–89).

5 Wimpern zweimal schwarz tuschen (siehe Seite 90–91).

6 Auf die Wangen rostfarbenes Rouge geben (siehe Seite 80–81).

7 Die Lippen weinrot konturieren, mit pflaumenrotem Lippenstift ausfüllen (siehe Seite 96–97).

Das fertige Make-up
Dieses spannungsreiche Make-up ist genau das Richtige für große Auftritte: für Theaterbesuche oder rauschende Feste.

Sanfte Pastelltöne

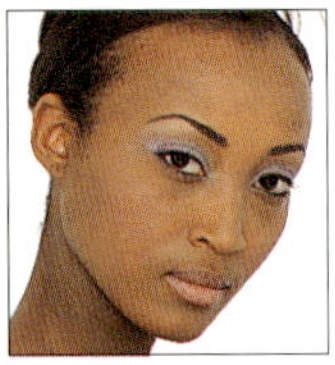

Hier werden hübsche Pastelltöne zu einem sanften, aber ausdrucksstarken Make-up zusammengefügt. Das Gute an Pastellfarben: Sie sind wesentlich einfacher aufzutragen als intensivere Lidschattenfarben wie Braun oder Schwarz. Hier werden die zarten Lila- und Blautöne des Augen-Make-ups von den hellrosafarbenen Lippen und einem Hauch Rosé auf den Wangen abgerundet. Die Augenbrauen wurden sorgfältig in Form gezupft, um den Augenbereich offener wirken zu lassen und die Pastellfarben noch mehr zur Geltung zu bringen.

Styling-Tips

- *Wenn Sie befürchten, mit diesem Make-up zu »puppenhaft« zu wirken, verwenden Sie statt des pastellfarbenen Lippenstifts eine kräftigere Farbe, zum Beispiel ein sattes, leuchtendes Rot.*
- *Bei diesem Make-up ist wichtig, den Eyeliner abzumildern – am besten durch Lidschatten, den Sie so dicht wie möglich an den Wimpern auftragen.*
- *Lackieren Sie Ihre Nägel in einer passenden Pastellfarbe.*
- *Tragen Sie zu diesem Make-up schlichte Kleidung, deren Farbe die Gesamtwirkung unterstreicht.*
- *Tragen Sie das Haar aus dem Gesicht – indem Sie es zum Beispiel auf dem Kopf zu einem fransigen Zopf zusammenbinden. Eine solche Frisur verstärkt die Wirkung dieses Make-ups.*

Das Make-up auftragen

1 Tragen Sie eine Flüssiggrundierung auf, die Ihren Hautton möglichst genau trifft. Mit transparentem Puder mattieren (siehe Seite 76–77).

2 Bürsten Sie Ihre Augenbrauen in Form, und betonen Sie ihren natürlichen Schwung mit einem dunkelbraunen Brauenstift (siehe Seite 92–93).

3 Im Augenbereich beigen Lidschatten auftragen, auf dem Oberlid hellblauen darübergeben und verwischen. Von der Lidmitte bis zum Augenwinkel lilafarbenen Lidschatten auftragen und verwischen. Unter die Braue lilafarbenen Highlighter mit Perlglanz geben (s. Seite 86–87).

4 Entlang der Oberlidwimpern dunkelblaue Kajallinie ziehen und mit blaugrauem Lidschatten abmildern; auch am unteren Lidrand blaugrauen Lidschatten auftragen (siehe Seite 88–89).

5 Nötigenfalls Wimpern formen, dann schwarz tuschen (siehe Seite 90–91).

6 Unterhalb der Wangenknochen einen Hauch rosafarbenes Rouge auftragen (siehe Seite 80–81).

7 Konturieren Sie Ihre Lippen mit einem rosafarbenen Stift, dann rosafarbenen Lippenstift auftragen (siehe Seite 96–97).

Das fertige Make-up
Hübsche Pastelltöne harmonisch kombiniert, wirken weich und dennoch ausdrucksstark.

ELEGANZ DER VIERZIGER

Kräftiger Lidstrich, matter Teint und volle rote Lippen spiegeln den raffinierten, eleganten Stil der vierziger Jahre wider. Die Gesichtsform wird durch die Betonung bestimmter Partien geschickt modelliert. Die schmalen, geschwungenen Augenbrauen unterstreichen den feinen Lidstrich, und das sorgfältig aufgetragene Rouge läßt die Wangenknochen hoch und ausgeprägt erscheinen. Dieses Make-up eignet sich besonders für abends, denn es betont bestimmte Partien und schafft eine verträumte, nostalgische Ausstrahlung.

STYLING-TIPS

- *Keine Angst vor dem leuchtendroten Lippenstift – eine sanftere Farbe würde die Aufmerksamkeit vom Mund weglenken und die Augen überbetont wirken lassen.*
- *Die Wimperntusche immer gut trocknen lassen, bevor die nächste Schicht aufgetragen wird.*
- *Der Abdeckstift sollte farblich immer zur Grundierung passen.*
- *Zu diesem Make-up paßt am besten Kleidung im Look der Vierziger: ein elegantes Kleid, ein klassisches Twinset oder ein Rock in A-Linie. Ohrklipps oder eine schlichte Perlenkette unterstreichen diesen Stil zusätzlich.*
- *Wenn Sie glattes Haar haben, können Sie es mit Papilloten einlegen; anschließend durchbürsten, damit es sich sanft wellt.*

DAS MAKE-UP AUFTRAGEN

1 Tragen Sie eine helle Flüssiggrundierung auf Gesicht und Hals auf (siehe Seite 76–77).

2 Braunen Lidschatten auf die Brauen geben und den natürlichen Schwung mit braunem Brauenstift zusätzlich betonen (siehe Seite 92–93).

3 Im ganzen Augenbereich bis zu den Brauen sandfarbenen Lidschatten auftragen. Nur auf dem Oberlid braunen Lidschatten darübergeben und gut verwischen (siehe Seite 86–87).

4 Entlang der Oberlidwimpern schwarzen Flüssig-Eyeliner auftragen und außen sanft auslaufen lassen. Zum Abmildern etwas schwarzen Lidschatten darübergeben (siehe Seite 88–89).

5 Nötigenfalls Wimpern formen, dann die Wimpern dreimal in diagonalen Strichen tuschen und bürsten (siehe Seite 90–91).

6 Die Wangen mit dunkelrosa Rouge modellieren; nach außen bis zum Haaransatz verlaufen lassen (siehe Seite 80–81).

7 Konturieren Sie Ihre Lippen mit einem roten Stift, dann kräftig roten Lippenstift auftragen. Vorsichtig abtupfen (siehe Seite 96–97).

Das fertige Make-up
Durch die Betonung und Modellierung bestimmter Partien entsteht eine raffinierte, weiche Ausstrahlung, die besonders abends gut zur Geltung kommt.

Für Wasserratten

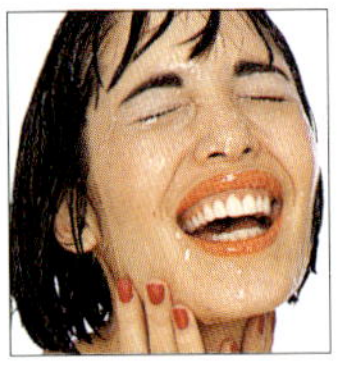

Dieses lebendige, wasserfeste Make-up ist wie geschaffen für einen langen, heißen Sommertag, an dem man soviel Zeit wie möglich draußen verbringt – und das Make-up trotzdem nicht weglaufen oder verwischen soll. Der Augenbereich wird anstelle von Lidschatten mit einer speziellen Grundierung betont, die Wimpern tuscht man ganz leicht mit wasserfester Mascara. Ein Hauch Cremerouge und Lippen in kräftigem Orange geben diesem sportlichen, sommerlichen Make-up einen besonderen Touch.

Styling-Tips

- *Bevor Sie wasserfeste Wimperntusche auftragen, sollten Sie sich vergewissern, daß Sie auch den entsprechenden Entferner zur Hand haben.*
- *Lackieren Sie Ihre Nägel in einer kräftigen Farbe – entweder im gleichen Ton wie die Lippen oder in einer anderen leuchtenden Farbe wie hier das Rot.*
- *Dieses lebendige Tages-Make-up paßt am besten zu sportlicher Kleidung. Verzichten Sie dabei möglichst auf Schmuck und andere Accessoires.*
- *Diese Art von Make-up wirkt am besten mit einem sportlichen Haarschnitt, etwa einem gerade geschnittenen Pagenkopf oder Bob; weniger gut passen aufwendige Frisuren. Langes Haar kann man zusammenbinden.*

Das Make-up auftragen

1 Kompaktgrundierung in natürlichem Farbton auftragen (siehe Seite 74–75).

2 Im ganzen Augenbereich spezielle Augengrundierung auftragen, um den Hautton auszugleichen (siehe Seite 86–87).

3 Augenbrauen in Form bürsten und nötigenfalls mit braunem Brauenstift nachstricheln (siehe Seite 92–93).

4 Falls nötig, Wimpern formen, dann Oberlid- und Unterlidwimpern leicht schwarz tuschen (siehe Seite 90–91).

5 Orangefarbenes Cremerouge kreisend auf die Wangenknochen auftragen (siehe Seite 80–81).

6 Lippen mit dunkelorangefarbenem Konturenstift umranden und mit orangefarbenem Lip Pencil ausfüllen (siehe Seite 96–97).

Das fertige Make-up
Ein lebendiges, sportliches und vor allem wasserfestes Make-up – genau das Richtige für heiße Sommertage.

Frühlingsbraut

Ein romantischer, bezaubernder Stil für ganz besondere Anlässe. Das Geheimnis dieses Make-ups liegt darin, daß es märchenhaft leicht und keinesfalls schwer oder aufdringlich aussieht. Die Haut erscheint dank der hellen Grundierung und dem Hauch Puderrouge natürlich und frisch, die Augen wirken klar und strahlend. Das kräftige Mahagoni der Lippen schafft einen spannungsreichen Effekt und läßt das Make-up nicht zu mädchenhaft erscheinen. Die kleinen Locken umspielen das Gesicht und unterstreichen die romantische Wirkung.

Styling-Tips

- *Gehen Sie sparsam mit der Wimperntusche um – zuviel würde Ihre Augen überbetonen und für diesen romantischen Stil zu dunkel erscheinen lassen.*
- *Lackieren Sie Ihre Nägel grün, um die Wirkung der Accessoires zu verstärken.*
- *Bei diesem Make-up kommt es besonders auf die richtigen Accessoires an – sie sollten so natürlich und unaufdringlich wie möglich sein, um den frischen, feenhaften Stil zu unterstreichen. Als Haarschmuck eignen sich frische Blüten und grüne Ranken.*
- *Am schönsten sieht hier gewelltes oder gelocktes Haar aus: das Haar einlegen, vorsichtig ausbürsten und die Locken zurechtzupfen. Oder aber Sie stecken das Haar locker hoch und ziehen einzelne Strähnen heraus.*

Das Make-up auftragen

1 Tragen Sie eine helle Kompaktgrundierung auf Gesicht und Hals auf (siehe Seite 74–75).

2 Bürsten Sie die Augenbrauen in Form, und füllen Sie mögliche Lücken mit braunem Lidschatten (siehe Seite 92–93).

3 Zartgrünen Lidschatten auf das Oberlid, korallenfarbenen in die Lidfalte geben und bis zur Braue verwischen. Dunkelgrünen Lidschatten von der Lidmitte bis zum äußeren Augenwinkel auftragen und damit einen Strich am oberen und unteren Wimpernansatz ziehen (siehe Seite 86–89).

4 Wimpern nötigenfalls formen, dann sparsam schwarz tuschen (siehe Seite 90–91).

5 Einen Hauch dunkelorangefarbenes Puderrouge auf die Wangenknochen geben und Übergänge gut verreiben (siehe Seite 80–81).

6 Die Lippen mit mahagonifarbenem Konturenstift umranden und mit einem passenden Lippenstift ausfüllen. Zum Schluß transparentes Lip-Gloss auftragen (siehe Seite 96–97).

Das fertige Make-up
Ein romantischer, feenhafter Stil für ganz besondere Gelegenheiten.

Lernen Sie Ihre Haut kennen

Wenn Sie Ihren Haut- und Farbtyp kennen, haben Sie den ersten und wichtigsten Schritt gemacht, die richtigen Pflegeprodukte zu wählen und die unterschiedlichen Partien Ihres Gesichts optimal zur

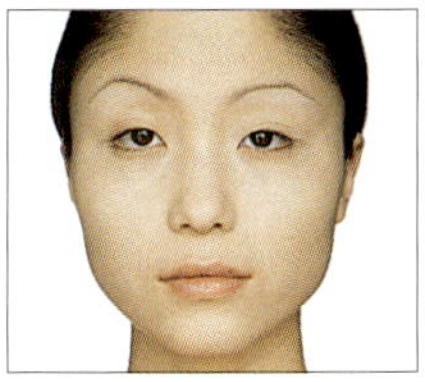

Geltung zu bringen. In diesem Kapitel erfahren Sie anhand übersichtlicher Tabellen und Farbpaletten, welches Make-up das richtige für Sie ist. Und wenn Sie das Prinzip verstanden haben, ist das Thema, welches Make-up für welche Gelegen

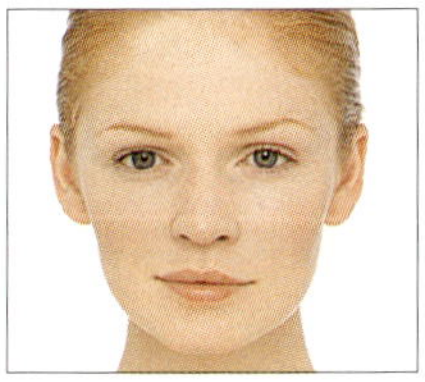

heit kein Problem mehr.

ENTDECKEN SIE IHREN HAUTTYP

Der erste und wichtigste Schritt zu der für Ihre Haut geeigneten Pflege ist die Auswahl der für Ihren individuellen Hauttyp richtigen Produkte. Ihre Haut ist ständigen Einflüssen ausgesetzt – sowohl von innen als auch von außen: der Sonne und dem Wind, die die Haut vorzeitig altern lassen, sowie einseitiger Ernährung, die Pickel und einen Fettglanz verursacht. Auch Faktoren wie Streß, Umweltverschmutzung und jahreszeitliche Veränderungen fordern ihren Tribut und lassen die Haut oft fahl, schuppig und leblos erscheinen. Um dem vorzubeugen, muß die Haut ein Leben lang gepflegt werden. Und je raffinierter die Reinigungsprodukte, die Gesichtswasser und Cremes werden, desto wichtiger ist es, das für die jeweilige Haut richtige Produkt herauszufinden. Betrachten Sie Ihre Haut am Morgen, und bestimmen Sie anhand der folgenden Übersicht Ihren Hauttyp; danach richtet sich, welche Produkte Sie verwenden.

MERKMALE DER UNTERSCHIEDLICHEN HAUTTYPEN		REINIGUNG
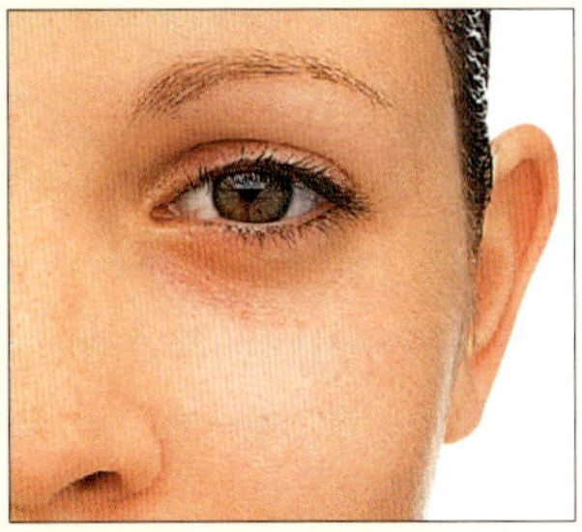	**NORMALE HAUT** **Aussehen:** klar, gleichmäßige Struktur **Gefühl:** weich und geschmeidig **Probleme:** hin und wieder ein Pickel, besonders im Kinn- und Nasenbereich; möglicherweise trockene Stellen, wenn die Haut nicht gereinigt und eingecremt wird.	Benutzen Sie eine cremige Reinigungsmilch, eine Waschcreme oder eine milde Gesichtsseife (siehe auch Seite 58–59).
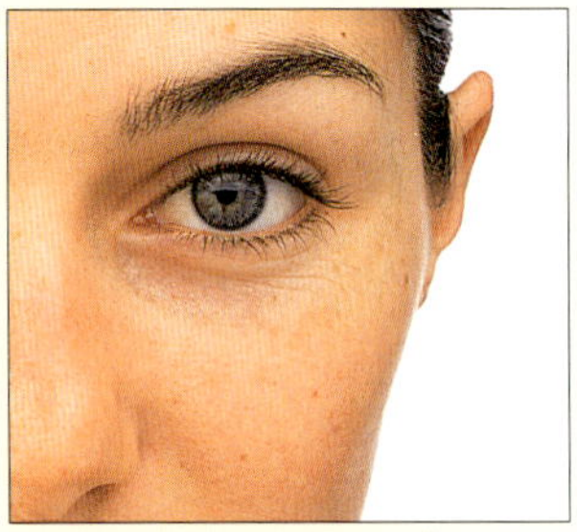	**TROCKENE HAUT** **Aussehen:** dünn, »papierartig«, feinporig, mit Neigung zu geplatzten Äderchen im Wangenbereich **Gefühl:** spannt nach der Reinigung und reagiert möglicherweise mit Rötungen und Flecken **Probleme:** Feuchtigkeitsmangel, da die Haut nicht genug Talg (Sebum) produziert, der die Feuchtigkeit bindet. Trockene Haut bildet eher Falten als die anderen Hauttypen.	Benutzen Sie eine Waschcreme, eine besonders cremige Reinigungsmilch oder eine feuchtigkeitsspendende, unparfümierte Seife; in jedem Fall gut abspülen (siehe auch Seite 58–59).
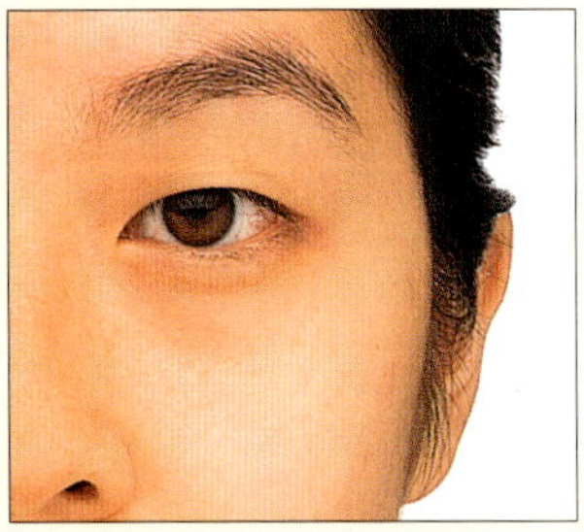	**FETTIGE ODER MISCHHAUT** **Aussehen:** glänzend und fettig; Mischhaut weist nur stellenweise fettige Partien auf, besonders im Kinn-, Nasen- und Stirnbereich **Gefühl:** uneben und rauh **Probleme:** Neigung zu Pickeln, Mitessern und großen Poren; Mischhaut kann im Wangenbereich trockene Stellen und insgesamt auch Pickel aufweisen.	Benutzen Sie eine leichte Waschlotion oder eine Reinigungsmilch; unreine Stellen werden mit einem medizinischen Waschgel behandelt (siehe auch Seite 58–59).
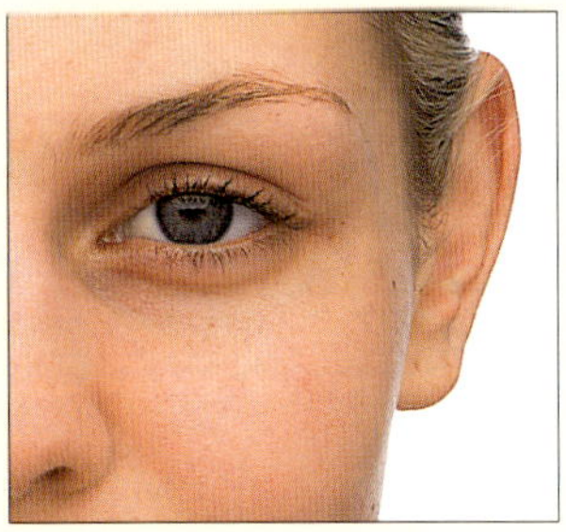	**EMPFINDLICHE HAUT** **Aussehen:** klar, reagiert aber leicht mit Rötungen und Flecken **Gefühl:** heiß, brennt oder juckt, wenn eine Reizung auftritt **Probleme:** reagiert schnell, wenn sie von innen oder außen mit einem Allergen oder einem anderen reizauslösenden Stoff in Kontakt kommt; es treten Schwellungen, Unebenheiten unter der Haut oder Schuppungen auf.	Benutzen Sie ein hypoallergenes Produkt, das keine allergieauslösenden oder reizfördernden Substanzen enthält. Vermeiden Sie Seife, denn sie entfernt möglicherweise die hauteigene Schutzschicht und macht die Haut dadurch noch empfindlicher (siehe auch Seite 58–59).

Die Struktur der Haut

Die Haut ist das größte Organ des menschlichen Körpers, und in ihrer Hauptfunktion stellt sie eine Schutzschicht dar; außerdem reguliert sie die Körpertemperatur und registriert Berührungen, Druck und Schmerz. Sie setzt sich aus vielen Komponenten zusammen: aus Schweiß- und Talgdrüsen, Blutgefäßen, Nervenendigungen, Haarwurzeln, Kollagenfasern, Fettzellen und Poren. Die sichtbare Oberfläche ist nur ein kleiner Teil dieses komplexen Organs. Die Haut besteht aus drei Schichten: der Epidermis (äußere Schicht), der Dermis (eigentliche Haut) und der Hypodermis (unterste Schicht).

Die Epidermis *bildet die »wasserfeste Hülle« des Körpers und besteht aus toten oder absterbenden Zellen, die ständig durch neue, in der Dermis gebildete Hautzellen ersetzt werden.*

Die Dermis *liegt unter der Epidermis und umfaßt die meisten der lebendigen Hautstrukturen wie Blutgefäße, Nervenendigungen, Talg- und Schweißdrüsen. Sie enthält außerdem Kollagenfasern, die der Haut Halt und Spannkraft geben.*

Die Hypodermis *ist die unterste Schicht. Sie besteht hauptsächlich aus Fettzellen, die das Blut-, Lymph- und Nervensystem schützen und dazu beitragen, die Körpertemperatur aufrechtzuerhalten.*

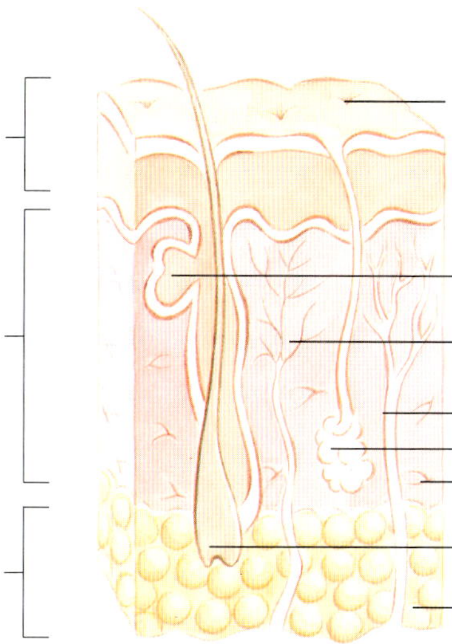

Gesichtswasser	Feuchtigkeitscreme	Tips und Warnhinweise
Verwenden Sie ein Gesichtswasser mit oder ohne Alkohol, Rosenwasser oder ein Mineralwasserspray (siehe auch Seite 60).	Wählen Sie eine leichte Creme oder Lotion, am besten mit UV-Filter (siehe auch Seite 61).	***Tip:*** *Normale Haut benötigt ebensoviel Pflege wie trockene, fettige oder empfindliche, besonders wenn sie extremen Temperaturen ausgesetzt ist.* ***Vorsicht:*** *Meiden Sie Produkte, die die Haut zu stark austrocknen könnten, wie beispielsweise Gesichtswasser mit hohem Alkoholanteil.*
Verwenden Sie ein mildes, alkoholfreies Gesichtswasser, Rosenwasser oder Cool Water (siehe auch Seite 60).	Verwenden Sie eine nährende, schützende Creme, am besten mit UV-Filter (siehe auch Seite 61).	***Tip:*** *Sorgen Sie dafür, daß Ihre Haut ausreichend mit Feuchtigkeit versorgt wird, besonders die empfindliche Haut im Augenbereich.* ***Vorsicht:*** *Schauen Sie sich die Etiketten genau an, um sicherzugehen, daß die Produkte auch wirklich keinen Alkohol enthalten.*
Benutzen Sie ein mit Alkohol versetztes Gesichtswasser, aber meiden Sie Produkte, die einfachen Alkohol wie Ethanol, Methanol oder Isopropyl enthalten, da diese die Haut zu stark austrocknen (siehe auch Seite 60).	Benutzen Sie eine leichte, nicht fettende Creme, am besten mit UV-Filter; das Produkt sollte nichtkomedogen sein, also nicht die Poren verstopfen (siehe auch Seite 61).	***Tip:*** *Sorgen Sie für ausreichende Feuchtigkeit im Hals- und Wangenbereich, da diese Partien schnell trocken werden können; Pickel behandeln Sie mit einem speziellen Pickelstift.* ***Vorsicht:*** *Verwenden Sie keine zu aggressiven Reinigungsprodukte oder Gesichtswasser, da diese der Haut ihre natürlichen Fette entziehen. Drücken Sie nicht selbst an Pickeln oder Mitessern herum; bei Akne sollten Sie sich an einen Hautarzt wenden.*
Verwenden Sie ein hypoallergenes oder alkoholfreies Gesichtswasser (siehe auch Seite 60).	Nehmen Sie eine hypoallergene, schützende Creme, am besten mit UV-Filter (siehe auch Seite 61).	***Tip:*** *Verwenden Sie nur hypoallergene Hautpflege- und Sonnenschutzprodukte.* ***Vorsicht:*** *Benutzen Sie kein neues Produkt, ohne es nicht vorher zu testen und 24 Stunden abzuwarten, ob sich eine Reaktion zeigt (siehe Seite 59).*

ANALYSIEREN SIE IHRE GESICHTSFORM

Um sich typgerecht schminken zu können, müssen Sie Ihre Gesichtsform kennen. Leider haben nur wenige Menschen ein absolut ovales Gesicht; viel häufiger sind eckige, herzförmige, runde, längliche oder dreieckige Gesichtsformen und außerdem noch zahlreiche »Mischformen«.

Um Ihre Gesichtsform herauszufinden, kämmen Sie Ihre Haare aus dem Gesicht und betrachten im Spiegel den Knochenaufbau Ihres Gesichts. Achten Sie dabei auf Ihre Wangenknochen, die Form des Kieferknochens und der Stirn sowie die Rundung der Wangen. Anhand dieser Schlüsselmerkmale analysieren Sie Ihre Gesichtsform und vergleichen Sie mit den fünf hier abgebildeten Typen. Wenn Sie Ihre Gesichtsform kennen, können Sie Grundierung und Rouge ganz bewußt einsetzen, um Ihr Gesicht in Richtung oval zu modellieren (siehe Seite 82–83). Ist Ihr Gesicht eher eine Mischung aus verschiedenen Formen, orientieren Sie sich an den Schlüsselmerkmalen und korrigieren diese entsprechend (siehe Seite 84–85).

GRUNDFORMEN

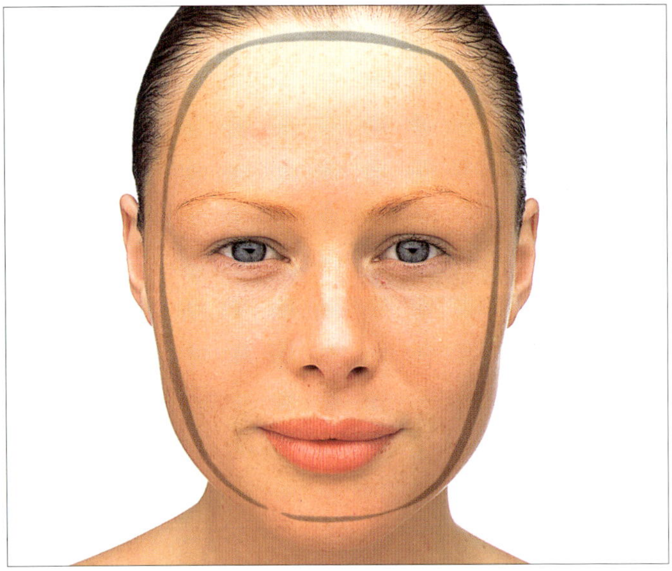

QUADRATISCHES GESICHT

Diese Form ist an seiner robusten Knochenstruktur und dem eckigen Kieferknochen leicht zu erkennen. Die Stirn ist breit und kantig, während die Wangenknochen eher flach und unauffällig sind. Die Wangen sind häufig großflächig.

GESICHTS-ANALYSE

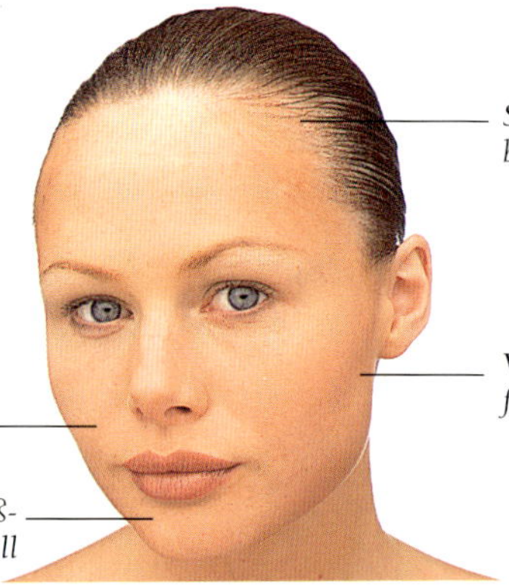

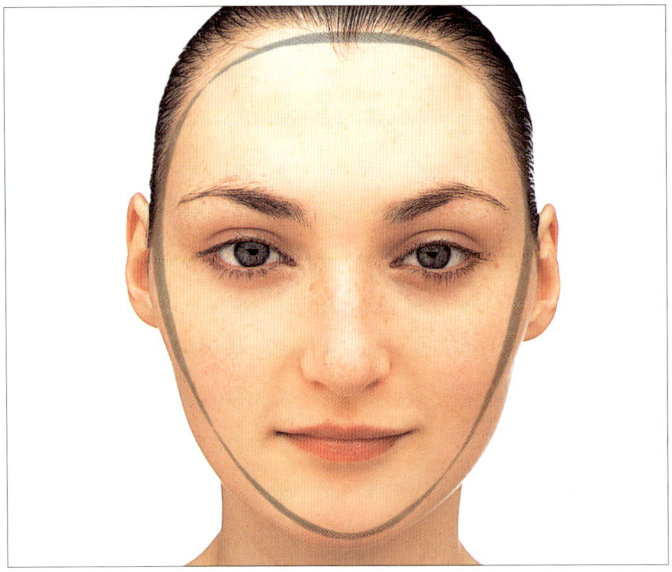

HERZFÖRMIGES GESICHT

Das Gesicht ist im oberen Bereich eher breit und verjüngt sich nach unten. Es kann auch länglich mit einem spitzen, vorstehenden Kinn erscheinen. Die Wangenknochen sind eher hoch, was aber meist durch die Breite des Gesichts nicht auffällt.

GESICHTS-ANALYSE

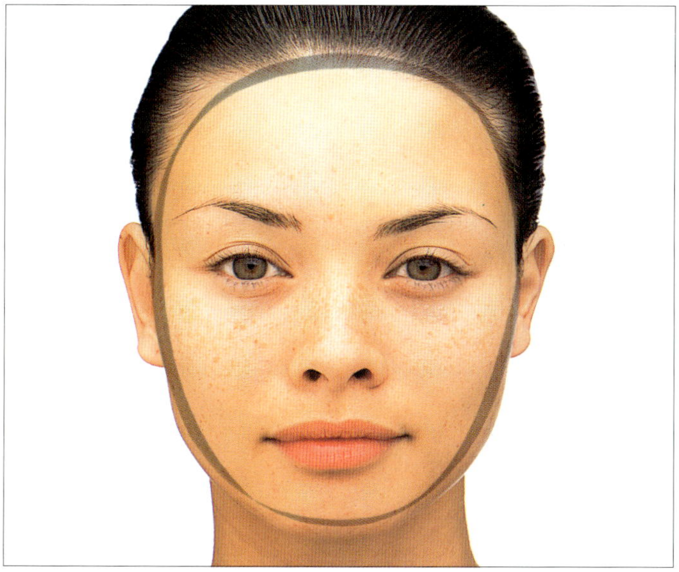

Rundes Gesicht

Stirn, Wangen und Kinn bilden hier praktisch einen Kreis, was das Gesicht flach und uninteressant erscheinen läßt. Die Wangen sind häufig großflächig und voll und lassen die Wangenknochen verschwinden.

Gesichts-analyse

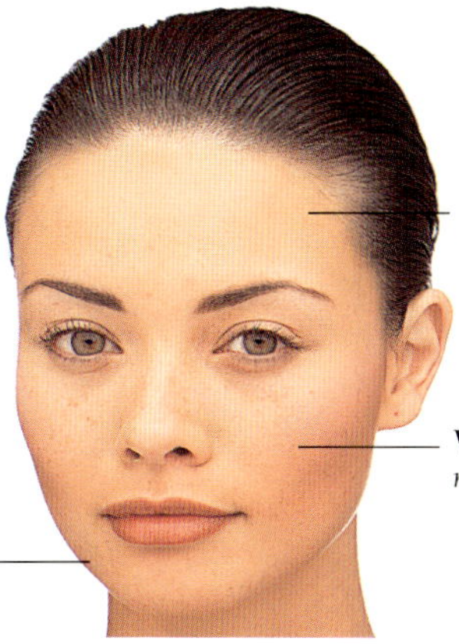

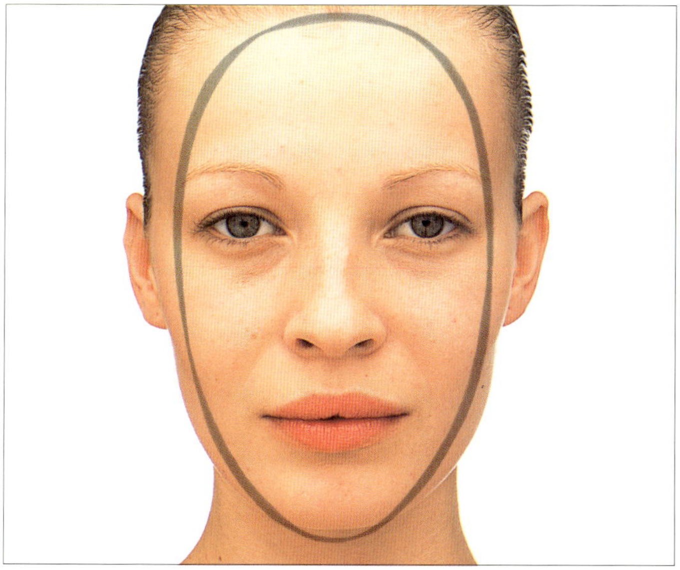

Längliches Gesicht

Diese Form kann entweder eine hohe Stirn oder ein langes Kinn aufweisen; das Gesicht wirkt recht kantig und grobknochig und sieht leicht müde aus. Aufgrund der länglichen Gesichtsform erscheinen die Wangenknochen nicht hoch.

Gesichts-analyse

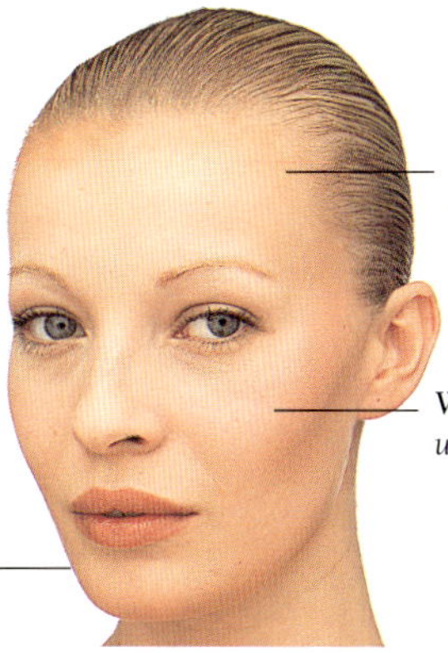

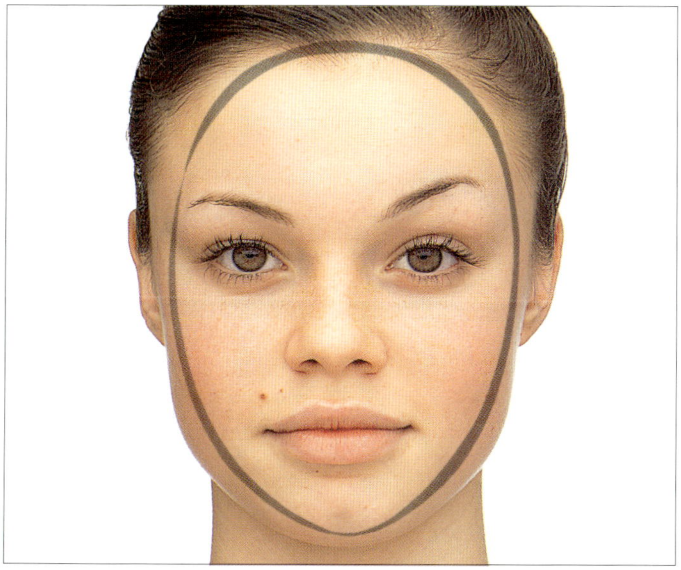

Ovales Gesicht

Das ovale Gesicht weist hohe, ausgeprägte Wangenknochen und einen sanft geschwungenen Kieferknochen auf, der in einem feinen Kinn endet. Die Höhe der Stirn gleicht den unteren Teil des Gesichts aus, und die Züge wirken regelmäßig und ausgewogen.

Gesichts-analyse

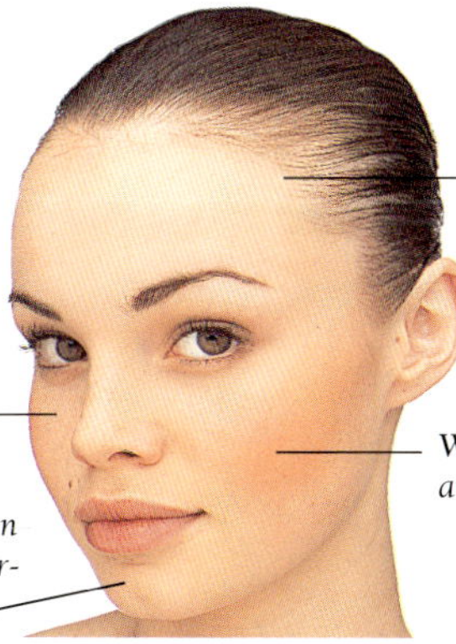

Welcher Farbtyp sind Sie?

Damit die Grundierung natürlich aussieht, müssen Sie einen Farbton wählen, der Ihrem Hautton möglichst nahe kommt. Wir kennen zwar unsere Haarfarbe, aber was den Ton unserer Haut anbelangt, wissen wir erstaunlich wenig darüber und entscheiden uns für die Grundierung, die uns am besten gefällt. Wir alle gehören einem bestimmten Farbtyp an: dem gelblich-elfenbeinfarbenen Typ mit nur geringem Rotanteil, dem Orange-Typ – einer Mischung aus Rot und Gelb – oder dem Rot-Typ – rötliche Töne ohne großen Gelbanteil. Vergleichen Sie Ihre gereinigte Haut mit den hier abgebildeten Beispielen, und bestimmen Sie, ob Sie ein blasser, mittlerer oder kräftiger Farbtyp sind. Wählen Sie niemals eine Grundierung, deren Farbe außerhalb Ihrer Farbgruppe liegt; innerhalb Ihrer Farbgruppe können Sie je nach gewünschter Wirkung oder Jahreszeit mal eine hellere, mal eine dunklere Nuance verwenden.

Gelbtöne

Sehr blasser Gelb-Typ ohne Rotanteil. *Eine elfenbeinfarbene Grundierung verleiht ein strahlendes, natürliches Aussehen.*

Elfenbein

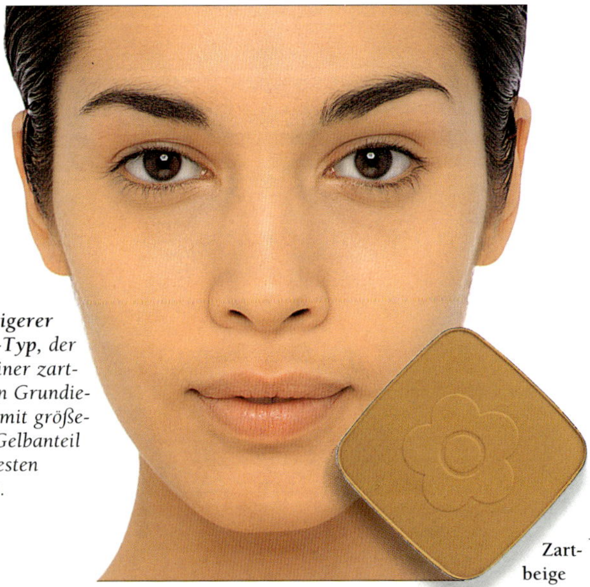

Kräftigerer Gelb-Typ, *der mit einer zartbeigen Grundierung mit größerem Gelbanteil am besten wirkt.*

Zartbeige

Orangetöne

Blasser Orange-Typ *mit bräunlichen Sommersprossen. Hier paßt eine orange-beige Grundierung mit größerem Gelb- als Rotanteil am besten.*

Orange-Beige

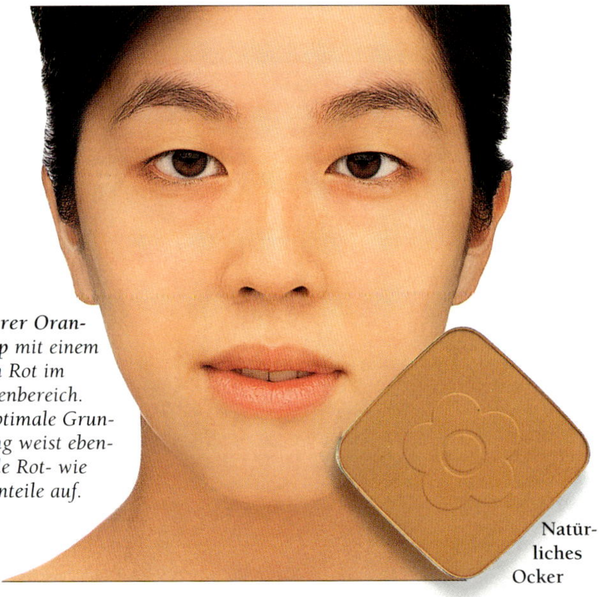

Mittlerer Orange-Typ *mit einem Hauch Rot im Wangenbereich. Die optimale Grundierung weist ebenso viele Rot- wie Gelbanteile auf.*

Natürliches Ocker

Die passende Grundierung

Bei der Auswahl der passenden Grundierung sollten Sie immer den Farbton testen, indem Sie einen kleinen Klecks auf einer sauberen Stelle am Kieferknochen verreiben. Testen Sie die Farbe nicht am Handgelenk oder auf der Wange, da sich die Haut hier in Farbe und Struktur von der restlichen Gesichtshaut unterscheidet. Der Test am Kieferknochen stellt außerdem sicher, daß kein Farbunterschied zwischen der grundierten Gesichtshaut und dem Hals entsteht. Sie sollten das Geschäft möglichst verlassen, um die Farbe der Grundierung mit einem Handspiegel bei Tageslicht zu betrachten. Künstliche Beleuchtung kann den Farbton ganz erheblich verfälschen. Außerdem sollten Sie die Grundierung einige Minuten lang einziehen lassen, da sich auch hier eine Farbveränderung ergeben kann, besonders bei fettiger Haut. Der richtige Farbton der Grundierung wird sich mit Ihrer Haut »verbinden« und sie ebenmäßig erscheinen lassen (siehe Seite 74–77). Wenn Sie Ihren natürlichen Hautton auffrischen wollen, wählen Sie eine Grundierung mit einem etwas höheren Rosaanteil als Ihr natürlicher Hautton aufweist.

Testen Sie die Grundierung am Kieferknochen

Orangetöne	Rottöne

Dunklerer Goldton *mit Sommersprossen. Dieser Typ verlangt eine Grundierung mit mehr Rot- als Gelbanteilen.*

Goldton

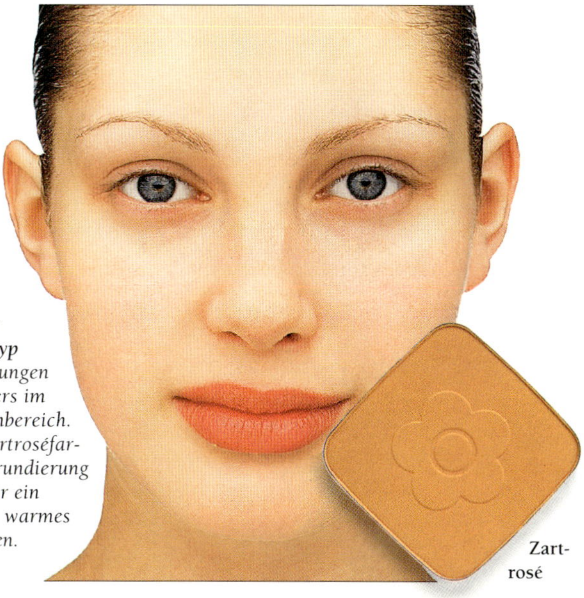

Blasser Rosa-Typ *mit Rötungen besonders im Wangenbereich. Eine zartroséfarbene Grundierung sorgt für ein sanftes, warmes Aussehen.*

Zartrosé

Dunkler Hauttyp mit Goldtönen. *Um natürlich zu wirken, braucht dieser Typ eine Grundierung, die sowohl die kräftige Farbe als auch die deutliche Orangefärbung widerspiegelt.*

Dunkler Ton

Dunklerer Rosa-Typ *mit Rötungen im Wangenbereich. Eine rosa-beige Grundierung paßt am besten zu diesem kräftigeren Typ.*

Rosabeige

Die richtigen Farben wählen

Das Entscheidende bei der Farbauswahl ist, daß Sie sich selbst keine allzu engen Grenzen stekken – wie oft werden beispielsweise Rothaarige auf kupferfarbenen Lidschatten und braune Wimperntusche festgelegt, während man blonden Frauen mit blauen Augen prinzipiell zu hellen Pink- und Blautönen rät und einen möglichst unauffälligen Lippenstift empfiehlt. Eine solche »Farbberatung« ist ziemlich einschränkend, und nur durch das Experimentieren mit unterschiedlichen Farben – und Verstöße gegen einige »Farbregeln« – werden Sie herausfinden, welche Farben Ihren Typ am besten zur Geltung bringen (siehe Seite 104–105).

Der einzige Punkt, in dem Sie keine Experimente unternehmen sollten, ist die Grundierung, die Ihrem natürlichen Hautton immer möglichst nahe kommen muß (siehe Seite 32–33). Um Ihre optimalen Make-up-Farben herauszufinden, verwenden Sie als Grundpalette zunächst die hier abgebildeten; auf dieser »Grundausstattung« können Sie dann aufbauen.

Einfluss der Mode

Ihr Make-up wird immer vom Stil und den Farben Ihrer Kleidung beeinflußt sein. Indem Sie eine leuchtende Farbe entweder aus Ihrer Kleidung oder Ihrem Schmuck aufgreifen und als Lidschattenfarbe wiederholen, haben Sie schon Ihr erstes Farbexperiment unternommen. Tupfen Sie einfach ein wenig der Farbe in die Lidmitte, verreiben Sie sie, und lassen Sie sie in eine neutralere Farbe verlaufen. Die Modefarben ändern sich ständig, und deshalb sollten Sie ebenso oft mit vielen unterschiedlichen Farbrichtungen experimentieren.

Auch die Make-up-Stile verändern sich. So sind in einer Saison kräftig leuchtende Lippen und wenig betonte Augen angesagt, während in der nächsten dunkel geschminkte, dominierende Augen und blasse Lippen gefragt sind. Bei der Auswahl der Farben sollten Sie immer ein bißchen auf die Mode achten, aber nie die Farben aus dem Auge verlieren, die Ihrem natürlichen Farbtyp entsprechen.

Schwarzer Teint

Schwarzer Teint

Warmes Beige, goldenes Braun, Burgunder und Terrakotta sind die Farben, die immer zu einem schwarzen Teint passen. Wenn Sie experimentieren möchten, probieren Sie mal Perlglanz-Lila und leuchtende Blautöne aus.

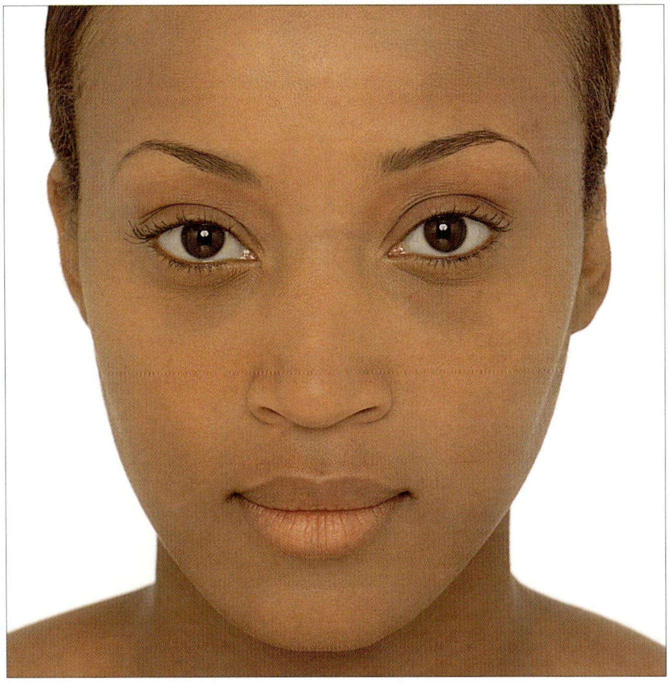

Grundpalette

Olivfarbener Teint

Dunkles Haar/olivfarbener Teint

Kombinieren Sie olivfarbenen Teint und dunkelbraune Augen mit warmen, satten Tönen, die kräftig, aber dennoch natürlich wirken. Dunkles Malve, dunkles Pink oder Petrolblau sind ungewöhnliche Alternativen.

Farbpalette

Grundierung

Goldbraun: *paßt zum Hautton*

Rouge

Dunkles Pink: *sieht toll aus*

Ocker: *ein warmer, satter Ton*

Lidschatten

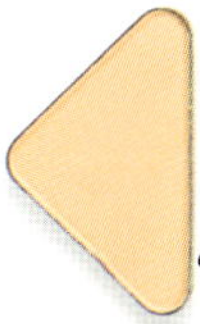

Blasses und kräftiges Orange: *ergänzt dunkle Augen*

Beige-Rosa und Petrolblau: *gibt Glanz*

Eyeliner

Anthrazit: *läßt die Augen »glühen«*

Mascara

Anthrazit: *die beste Farbe für einen ausdrucksvollen Blick*

Lippen

Malven-Pink: *ein Blickfang*

Zartes Beige: *unaufdringliche Wirkung*

Hellbraunes Haar/olivfarbener Teint

Der zarte Goldton des hellolivfarbenen Teints wird mit warmen Farben wie Terrakotta, Pfirsich und sanften Braunschattierungen zum Leben erweckt. Flieder und Schiefergrau setzen Farbakzente.

Farbpalette

Grundierung

Ocker: *paßt zum natürlichen Hautton*

Rouge

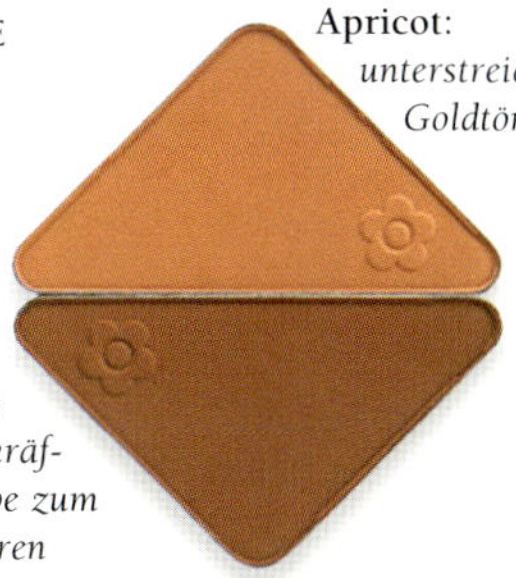

Apricot: *unterstreicht Goldtöne*

Warmes Braun: *kräftige Farbe zum Modellieren*

Lidschatten

Weiches Kokos und Blaßgold: *für eine zarte, natürliche Wirkung*

Schiefergrau und Flieder: *sorgen für Farbakzente*

Eyeliner

Sattes Braun: *paßt gut zu den neutralen Schattierungen*

Mascara

Dunkelbraun: *wirkt weicher als Schwarz*

Lippen

Orange-Rot: *leuchtende, effektvolle Farbe*

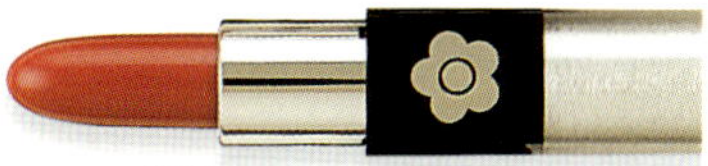

Weiches Rot: *für eine natürliche Wirkung*

HELLER HAUTTON

ROTES HAAR/HELLE HAUT

Hellhäutigen Rothaarigen stehen warme Farben, die ihren natürlichen Hauttyp unterstreichen. Doch intensivere Farben können einen aufregenden Kontrast schaffen, und Blau und Bronze passen gut zu blauen Augen.

FARBPALETTE

GRUNDIERUNG

Helles Ocker: *paßt zum Hautton*

ROUGE

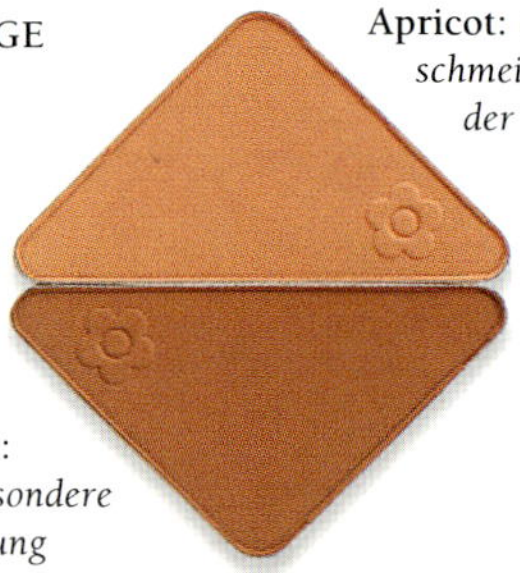

Apricot: *ein schmeichelnder Ton*

Braun: *für besondere Betonung*

LIDSCHATTEN

Dunkles, rauchiges Braun und Mittelbraun: *warme, natürliche Töne*

Dunkles Oliv und helles Grün: *starke, erfrischende Farben*

EYELINER

Sepiagold: *unterstreicht den Goldton von Haut und Haar*

LIPPEN

Sanftes Beige: *unterstreicht den Goldton von Haut und Haar*

MASCARA

Dunkelbraun: *verleiht den Wimpern Wirkung, ohne hart zu wirken*

Ziegelrot: *paßt gut zum grünen Lidschatten*

HELLES HAAR/HELLE HAUT

Kühle Farben, zum Beispiel ein malvenbrauner Lippenstift, sind wirkungsvolle Möglichkeiten für diesen Typ, doch sanfte »Babyfarben« wirken in jedem Fall weich und hübsch.

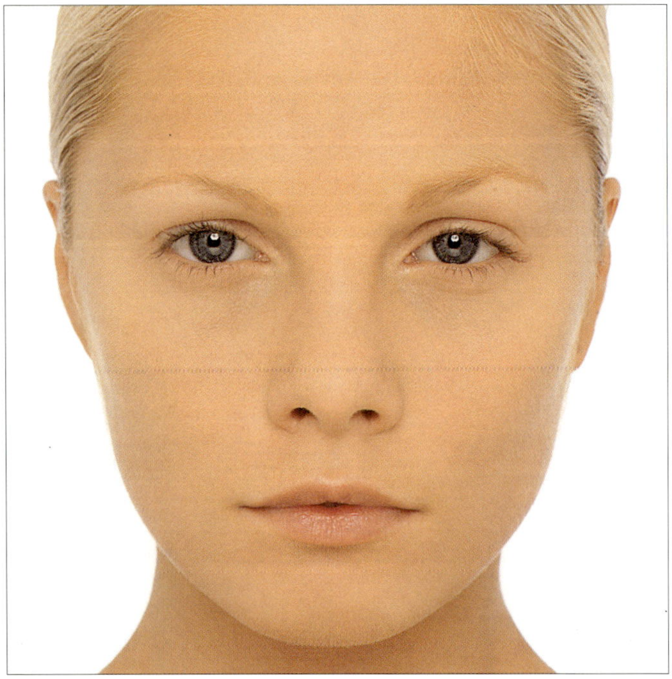

FARBPALETTE

GRUNDIERUNG

Sanftes Beige: *paßt zum Hautton*

ROUGE

Pink: *sorgt für frisches Aussehen*

Warmes Apricot: *für eine stärkere Wirkung*

LIDSCHATTEN

Muschelrosa und samtiges Malve: *hübsche Farben für einen weichen Look*

Himmelblau und Saphirblau: *kühle, effektvolle Farben*

EYELINER

Anthrazit: *betont, ohne hart zu wirken*

LIPPEN

Rosé: *für ein weiches, frisches Aussehen*

MASCARA

Schwarz: *betont und verstärkt die Wimpern*

Malvenbraun: *für eine starke Wirkung*

Asiatischer und mediterraner Hautton

Beigefarbener asiatisch/mediterraner Hautton

Warme Farben wie Apricot und Terrakotta schmeicheln diesem Hautton. Schimmernde Metallictöne passen ebenfalls gut und geben ein strahlendes Aussehen, aber sie müssen gut verwischt werden. Auch Modefarben kommen in Frage.

Farbpalette

Grundierung

Elfenbein: *macht den Hautton weicher*

Rouge

Terrakotta: *ein raffinierter Farbton*

Weiches Rosa: *ein hübscher Ton, paßt gut zu Pastellfarben*

Lidschatten

Kupfer und Gold: *lassen den Augenbereich größer erscheinen*

Braun und Apricot: *ergänzt den natürlichen Hautton*

Eyeliner

Tiefschwarz: *betont und vergrößert kleine Augen*

Mascara

Tiefschwarz: *läßt die Wimpern länger und betonter erscheinen*

Lippen

Cremiges Beige: *läßt den Hautton weicher erscheinen*

Dunkles Violett: *betont den Mund*

Blasser asiatisch/mediterraner Hautton

Neutrales Augen-Make-up und kräftig geschminkte Lippen sind die klassische Wahl für diesen Hautton. Leuchtende Farben sind die moderne Variante – aber entscheiden Sie sich: entweder für die Augen oder für den Mund.

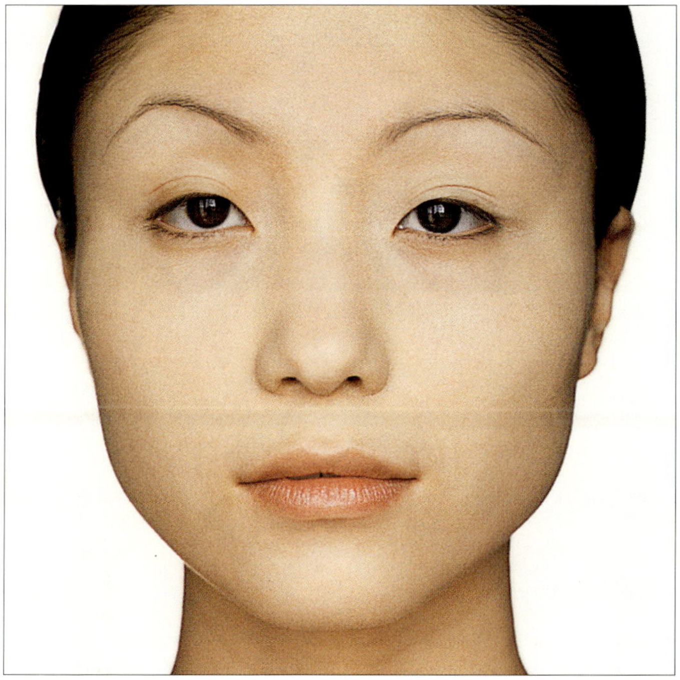

Farbpalette

Grundierung

Elfenbein: *paßt zum Hautton*

Rouge

Weiches Braun: *sanft und schmeichelnd*

Terrakotta: *starke Farbe für eine besondere Betonung*

Lidschatten

Helles und dunkles Lila: *paßt gut zu Pastellfarben*

Helles Orange und leuchtendes Gelb: *eine farbenfrohe Überraschung*

Eyeliner

Tiefschwarz: *betont den Verlauf des Unterlids und wirkt fließend*

Mascara

Tiefschwarz: *betont die Wimpern optimal*

Lippen

Kräftiges Rot: *starke Wirkung*

Goldrot: *ein unkomplizierter, schmeichelnder Ton*

Die Make-up-Palette

Ein Make-up auszuwählen sollte Spaß machen, aber auch ein kleines Abenteuer sein. Deshalb haben wir für Lidschatten, Lippenstift, Mascara, Nagellack und sogar für Grundierung und Puder ein

wahres Farbenkaleidoskop zusammengestellt. Um Ihnen Lust auf Kosmetik und Körperpflege zu machen, finden Sie auf den folgenden Seiten farbige Übersichtsfotografien von den vielen verschiedenen Produkten, aus denen

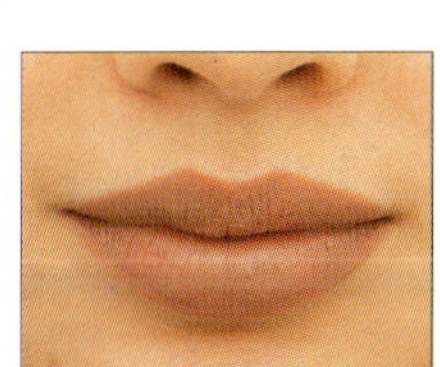

Sie auswählen können. Und auch das wichtigste Zubehör ist abgebildet.

Grundausstattung

Für die Grundausstattung muß man kein Vermögen ausgeben, aber das richtige Zubehör macht es sehr viel einfacher, das Make-up aufzutragen. Mit einem geeigneten Schwämmchen läßt sich die Grundierung gleichmäßig auf der Haut verteilen, und wenn man verschiedene Pinsel zur Auswahl hat, kann man den jeweils richtigen für Lidschatten, Rouge udd Lippenstift auswählen. Diese Utensilien bewahrt man am besten in einem Make-up-Kasten auf, anstatt sie lose im Badezimmer herumliegen zu lassen.

Grundausstattung

Vom Wattestäbchen bis zur Wimpernzange finden Sie hier die wichtigsten Make-up-Utensilien. Auch einen Vergrößerungsspiegel braucht man unbedingt.

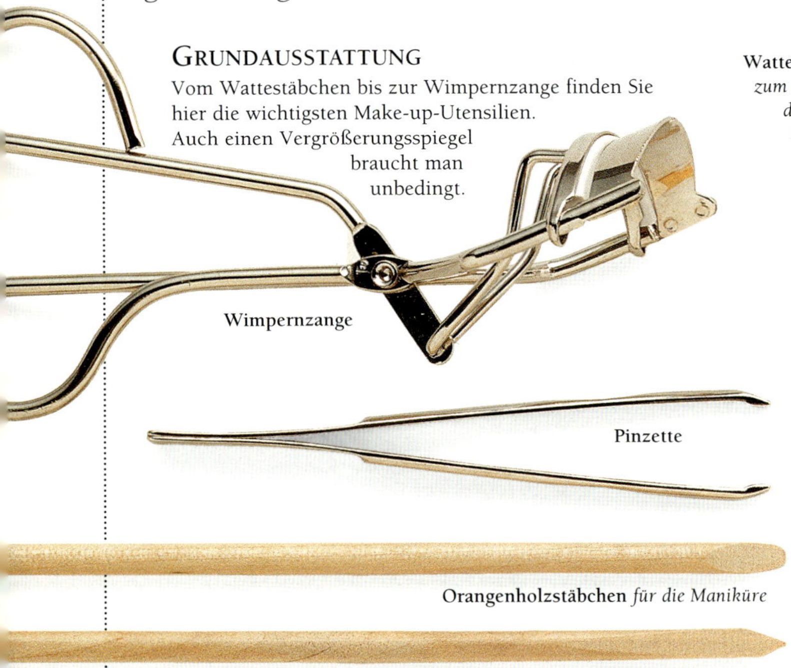

Wimpernzange

Pinzette

Orangenholzstäbchen *für die Maniküre*

Wattestäbchen *zum Entfernen des Augen-Make-ups*

Wattebausch *für die tägliche Hautpflege*

Spitzer

Schminkschwämmchen

Mit dem richtigen Schwämmchen aufgetragen, wirkt die Grundierung niemals streifig oder fleckig; außerdem erreicht man so auch die Falten um Nase und Augen. Wichtig: Schwämmchen regelmäßig auswaschen.

Schwämmchen *zum Auftragen von Flüssiggrundierung*

Festes Schwämmchen *zum Auftragen der Kompaktgrundierung mit Wasser*

Weiches Schwämmchen *zum Auftragen von Kompaktgrundierung ohne Wasser*

Naturschwämmchen *zum Auftragen der Kompaktgrundierung mit Wasser für eine transparentere Wirkung*

Lidschattenpinsel

Man sollte immer einige Lidschattenpinsel unterschiedlicher Stärke zur Hand haben. Mit einem dickeren trägt man den Lidschatten im ganzen Augenbereich auf und verwischt die Übergänge, mit einem mittleren schminkt man das Lid, und mit einem feinen trägt man Lidstrich und Highlighter auf.

Dicker Lidschattenpinsel

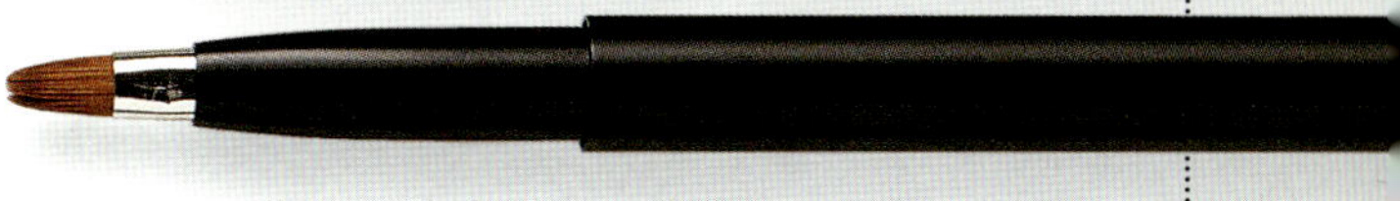

Feiner Lidschattenpinsel

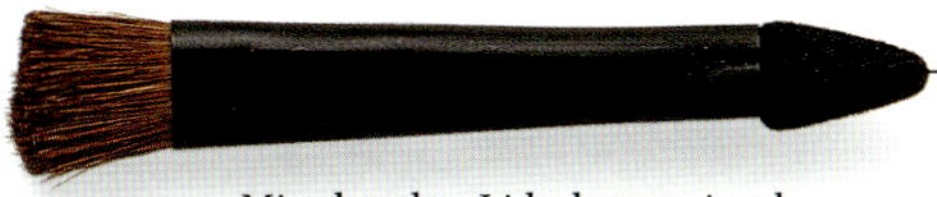

Weiche Spitze *zum Verwischen*

Mittelstarker Lidschattenpinsel

Brauenbürstchen

Zwei »Werkzeuge« in einem: zum Bürsten der Brauen und Trennen getuschter Wimpern.

Weiches Bürstchen *für die Brauen*

Feiner Kamm *für die Wimpern*

Kleinerer Rougepinsel *zum gezielten Modellieren*

Wimpernbürstchen

Mit Wimpernbürstchen trennt man nach dem Tuschen und Trocknenlassen zusammengeklebte Wimpern.

Spiralbürstchen, *damit die Wimpern nicht verkleben*

Dicker Pinsel *zum Auftragen von Rouge*

Rougepinsel

Ein breiter, weicher Pinsel verhindert harte Übergänge und erleichtert das Verwischen. Mit einem kleineren Pinsel läßt sich gezielter modellieren.

Lippenpinsel

Mit einem festen, spitz zulaufenden Lippenpinsel läßt sich der Lippenstift exakter auftragen; außerdem kann man so eine intensivere Färbung erreichen.

Lippenpinsel

Puderpinsel

Kompaktpuder

Puderquaste

Puder auftragen

Losen Gesichtspuder trägt man mit einer weichen Puderquaste auf. Überschüssigen Puder mit dickem Pinsel entfernen.

Teintgrundierung

Die Grundierung soll Ihre Haut so rein und ebenmäßig wie möglich erscheinen lassen und auch den Hautton egalisieren. Die Grundierung ist die Grundlage für das restliche Make-up. Grundierungen sind in einer Vielzahl von Farbtönen und Sorten erhältlich, und es ist sehr wichtig, die individuell passende und für die gewünschte Wirkung geeignete auszuwählen (siehe Seite 32–33). Vielleicht bevorzugen Sie im Sommer eine sehr leichte Grundierung, im Winter hingegen eine gut deckende und schützende.

Neutralisierende Farben

Neutralisierende Farben werden vor der Grundierung aufgetragen und gleichen besondere Unregelmäßigkeiten im Hautton aus. Blau läßt den Rotanteil weißer erscheinen; Weiß macht stumpfe Haut strahlender und kaschiert dunkle Augenringe; Grün neutralisiert rote Stellen, und Violett schließlich korrigiert gelbstichige Stellen und läßt die Haut gesünder erscheinen.

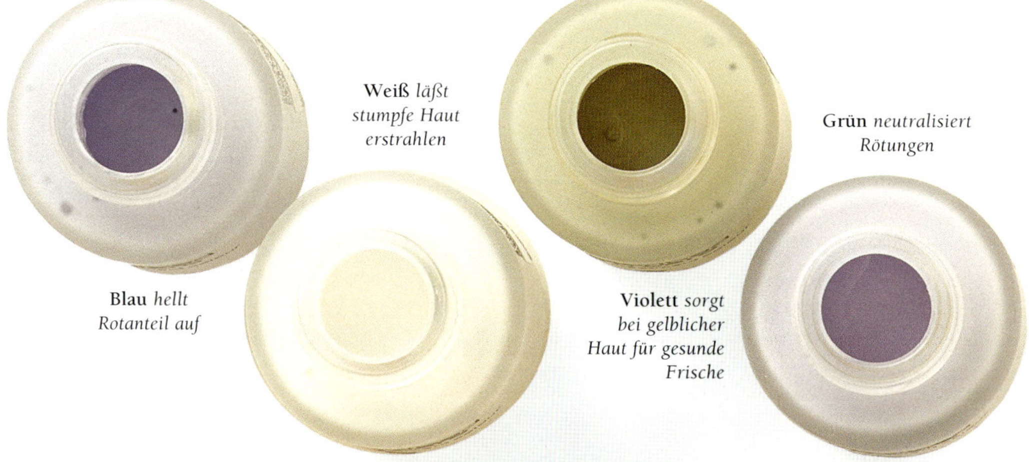

Blau *hellt Rotanteil auf*

Weiß *läßt stumpfe Haut erstrahlen*

Grün *neutralisiert Rötungen*

Violett *sorgt bei gelblicher Haut für gesunde Frische*

Flüssiggrundierungen

Flüssiggrundierungen sind meistens auf Wasserbasis zusammengesetzt, wirken leicht und lassen sich mit einem Schwämmchen einfach auftragen. Aber auch diese Art der Grundierung muß zum Hauttyp passen – »ölfrei« für fettige Haut, während sich Produkte mit dem Zusatz »feuchtigkeitsspendend« für trockenere und normale Haut eignen. Wählen Sie eine Grundierung, die über einen UV-Filter verfügt.

Rottöne *passen zu rosa-beigem Hautton ohne großen Gelbanteil*

Gelbtöne *passen zu elfenbeinfarbener Haut ohne großen Rotanteil*

Orangetöne *passen zu Hauttönen, die einen ausgeglichenen Rot- und Gelbanteil aufweisen*

Medizinische Grundierungen

Für empfindliche sowie Problemhaut eignet sich eine medizinische Grundierung, die die Haut pflegt und gleichzeitig dekkend wirkt. Spezielle Grundierung für extrem trockene Haut enthält Feuchtigkeitskomplexe, während ein Produkt für fettige Haut talgregulierend wirkt.

Grundierung *für trockene Haut*

Grundierung *für fettige Haut*

Kompaktgrundierungen

Kompaktgrundierungen sind gepreßte Blöcke, die meist auch mattierenden Puder enthalten. Kompaktgrundierung trägt man entweder mit einem feuchten oder einem trockenen Schwämmchen auf – lesen Sie immer die entsprechende Anleitung. Diese Art der Grundierung eignet sich für alle Hauttypen und läßt sich schnell auftragen. Wählen Sie ein Produkt, das der Haut Feuchtigkeit und Schutz bietet.

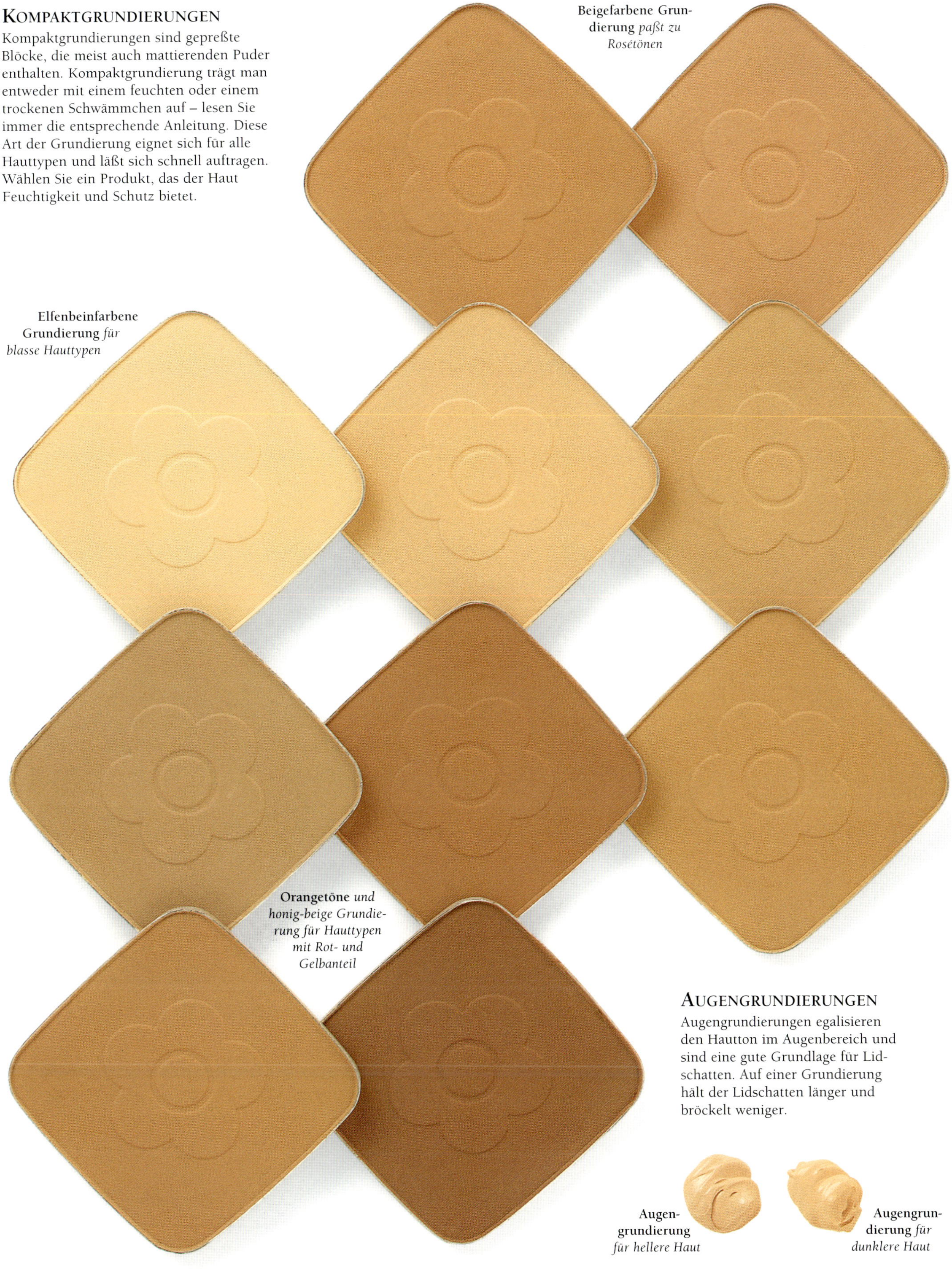

Beigefarbene Grundierung *paßt zu Rosétönen*

Elfenbeinfarbene Grundierung *für blasse Hauttypen*

Orangetöne *und honig-beige Grundierung für Hauttypen mit Rot- und Gelbanteil*

Augengrundierungen

Augengrundierungen egalisieren den Hautton im Augenbereich und sind eine gute Grundlage für Lidschatten. Auf einer Grundierung hält der Lidschatten länger und bröckelt weniger.

Augengrundierung *für hellere Haut*

Augengrundierung *für dunklere Haut*

Gesichtspuder

Puder trägt man über der Grundierung auf; er sorgt den ganzen Tag über für ein frisches, gesundes Aussehen. Möchte man ganz besonders naürlich wirken, kann man den Puder auch direkt auf die Haut geben. Ob loser oder Kompaktpuder – wichtig ist, daß man nicht zuviel davon aufträgt, besonders im Augenbereich, wo sich der Puder leicht in den feinen Fältchen absetzen kann. Besonders pflegend sind Puder mit UV-Filter oder einem Feuchtigkeitskomplex.

Loser Puder

Loser Puder ist in vielen Farbtönen, auch in korrigierenden, erhältlich; man trägt ihn vor allem zur Mattierung über der Flüssiggrundierung auf.

Transparent *über alle Grundierungstöne*

Hell *sorgt für ein natürliches Aussehen*

Beige *für orientalischen Ton*

Apricot *sorgt für ein gesundes Aussehen*

Rosé *wirkt weich und zart*

Grün *neutralisiert Rötungen*

Kompaktpuder

Auch Kompaktpuder ist in vielen Farbtönen erhältlich. Er eignet sich besser als loser Puder für unterwegs; so kann man tagsüber schnell und einfach das Make-up auffrischen.

Transparent

Hell

Apricot

Rosé

Grün

Rouge

Wenn man erst einmal gelernt hat, mit Rouge die Wangenpartie zu betonen und zu modellieren (siehe Seite 80–81), wird man nicht mehr darauf verzichten wollen. Rouge enthält ultrafeine Partikel, die der Haut ein natürliches, strahlendes Aussehen verleihen und für weiche Übergänge sorgen. Am verbreitetsten und unkompliziertesten ist Puderrouge – es wird nach der Grundierung, aber vor dem Gesichtspuder aufgetragen. Achten Sie darauf, daß Rouge und Lippenstift farblich zusammenpassen.

Rosatöne

Diese Farben passen zu pinkfarbenem Lippenstift und verleihen der Haut ein gesundes, natürliches Aussehen.

Perlglanz
als Highlighter

Brauntöne

Diese Farben schaffen eine raffinierte, auffälligere Wirkung und sind besonders für das Abend-Make-up geeignet.

LIDSCHATTEN

Lidschatten gibt es in allen nur erdenklichen Farben. Leider beschränkt man sich nur allzuoft selbst, weil man glaubt, zu blauen Augen passe nur blauer Lidschatten. Aber hier existieren keine starren Regeln: Experimentieren Sie doch einfach mal mit neuen Farben. Dabei sollten Sie jedoch immer nur Farben aus derselben Farbgruppe kombinieren, denn diese ergänzen sich besonders gut. So ist es ganz einfach, Farben zu mischen und abzutönen.

SCHIMMERNDE PERLGLANZFARBEN

Diese Farben werden als Highlighter bis unter die Brauen aufgetragen – sie lassen das Auge größer und strahlender erscheinen (siehe Seite 10–11). Bei faltigen Lidern sollte man allerdings auf allzu starken Perlglanz verzichten, denn diese Lidschatten setzen sich leicht ab und betonen die Fältchen um so mehr.

Schimmerndes Grün: *paßt hervorragend zu Taubengrau, Wasserblau, Blaßblau, Grün und Weiß*

Schimmerndes Gelb und Orange: *toll zu Zitrusfarben*

Schimmerndes Pink, Rot und Violett: *zum Betonen blaßpinkfarbener Kleidung oder Beleben von Schwarz und Weiß*

Schimmernde Blautöne: *toll zu Jeans, zu zartblauer oder schwarzer Kleidung*

Schimmerndes Braun und Goldtöne: *lassen sich gut mit weinroten oder violetten Oberteilen kombinieren*

Matte Farben

Matte Töne schaffen eine weiche, zarte Wirkung. Dunklere Farben lassen die Augen optisch zurücktreten, hellere Farben bewirken das Gegenteil. Geben Sie auch einmal einen Hauch Perllidschatten über den matten Lidschatten – auf diese Weise können Sie mit gewagteren Farben experimentieren.

Mattes Grün:
wirkt kühl und raffiniert und paßt gut zu Schwarz und Weiß

Mattes Blau und Violett:
helle Schattierungen wirken sanft und freundlich, dunklere eher schwer und schwül

Matte Rosétöne:
können sehr ausdrucksstark, eher zart oder auch klassisch wirken

Mattes Orange und Gelb:
warme, leuchtende Farben sehen gut in Kombination mit kräftigen Modefarben aus

Matte Brauntöne:
sanfte, neutrale Farben, ideal für einen plastischen Look mit betonten Augen

Eyeliner & Mascara

Ebenso wie der Lidschatten verstärken Eyeliner und Mascara die Wirkung der Augen. Eyeliner betont die Augenform, während Mascara die Wimpern dunkler und dichter erscheinen läßt. Eyeliner und Mascara sollten dieselbe Farbe haben oder höchstens um eine Nuance voneinander abweichen. Auch die Art des Auftragens sollte übereinstimmen – endet der Lidstrich außen in einem geschwungenen »Schwänzchen«, trägt man die Wimperntusche entsprechend in diagonalen Strichen auf die Wimpern auf (siehe Seite 20–21).

Eyeliner-Stifte

Mit Eyeliner-Stiften betont man den oberen und unteren Lidrand; manche kann man auch auf den unteren inneren Lidrand auftragen. Den oberen Lidstrich läßt man durch etwas Lidschatten weicher erscheinen.

Flüssiger Eyeliner

Flüssiger Eyeliner wird entlang des oberen Lidrands aufgetragen und ist wesentlich farbintensiver als alle anderen Eyeliner. Er ist allerdings nicht ganz einfach zu handhaben – man braucht dazu eine absolut ruhige Hand.

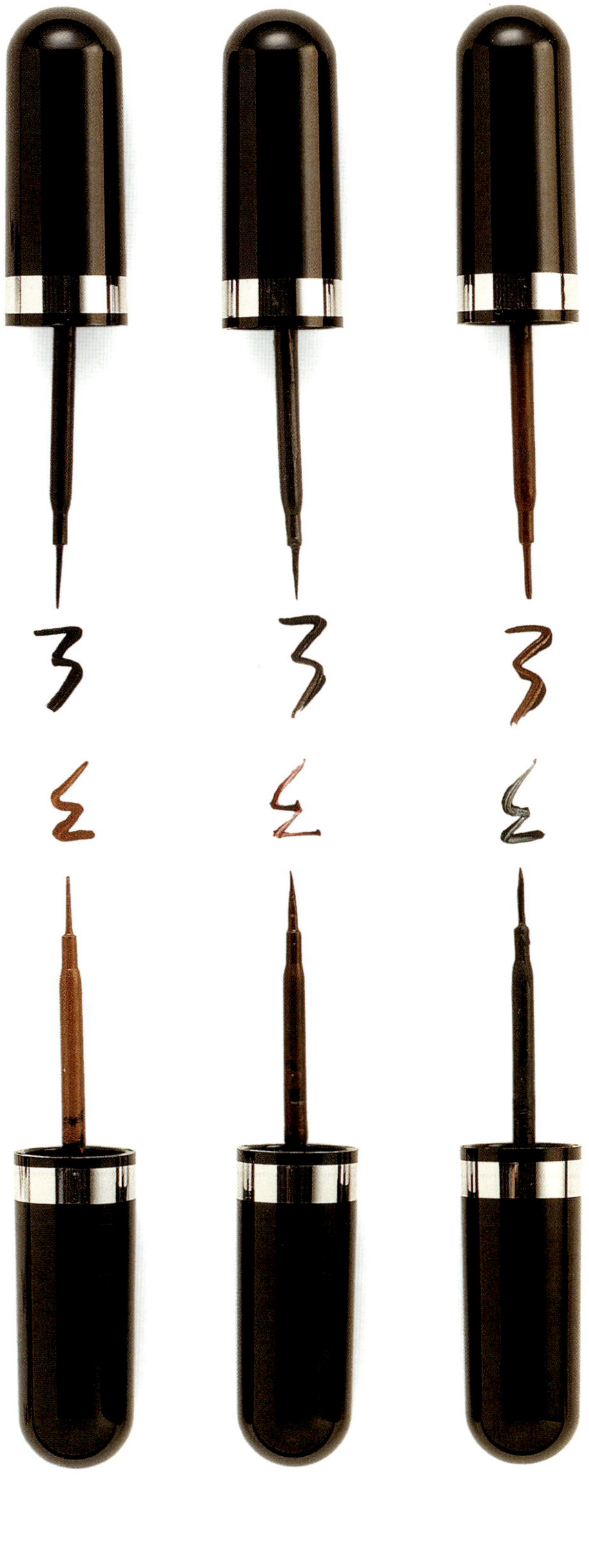

Mascara

Mascara soll die Wimpern dichter und länger aussehen lassen, ohne sie jedoch zu verkleben. Wasserfeste Wimperntusche haftet länger, ist aber auch schwieriger zu entfernen. Schwarz und Braun sind die klassischen Mascara-Farben, während »buntere« Töne eine leuchtende, spannungsreiche Wirkung entfalten.

Leuchtendes Rot

Intensives Blau

Frisches Grün

Brauenstifte

Mit einem Brauenstift läßt man die Augenbrauen ausdrucksvoller erscheinen. Er sollte immer natürlich wirken; wählen Sie deshalb einen Farbton, der zu Ihrer Haarfarbe paßt (bei blondem Haar eine Nuance dunkler).

Lippenstift

Leuchtendes Rot für den großen Auftritt, unauffälliges Rosé und Beigetöne für die natürliche Transparenz, kräftiges Orange für einen sportlichen Stil: Die Farbe Ihres Lippenstifts kann Ihre Wirkung im Handumdrehen verändern. Beschränken Sie sich nicht auf eine Farbe, sondern experimentieren Sie je nach gewünschter Wirkung oder Farbe der Kleidung mit unterschiedlichen Tönen. Wählen Sie feuchtigkeitsspendende, schützende Lippenstifte, und achten Sie darauf, daß sie farblich zum Rouge passen.

Konturenstifte

Mit Konturenstiften umrandet man die Lippen und hindert den Lippenstift am Verlaufen. Der Konturenstift darf nur eine Nuance dunkler als der Lippenstift sein.

Lippenstifte mit Perlglanz

Diese Töne lassen die Lippen voller erscheinen und passen gut zu schimmernden und glänzenden Stoffen; sie werden mit einem Lippenpinsel aufgetragen.

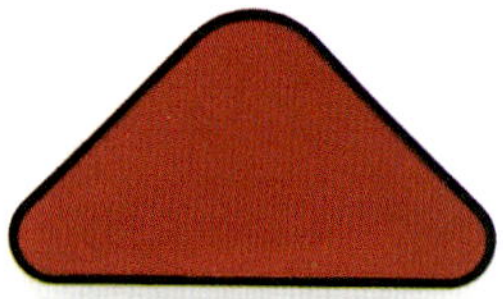

Matte und halbmatte Lippenstifte

Matte und halbmatte Lippenstifte sorgen für eine warme, natürliche Wirkung; diese Schattierungen lassen Lippen weniger voll erscheinen.

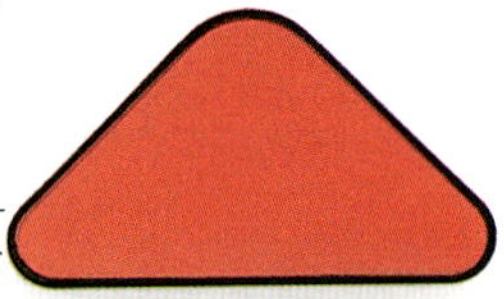

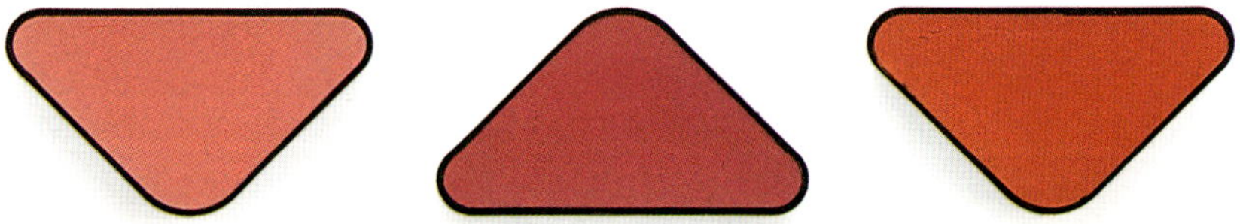

Lip Pencils

Diese dickeren Stifte können sowohl als Konturenstifte als auch zum Ausmalen der Lippen benutzt werden. Manche eignen sich auch als Rouge zum Auftragen auf die Wangen oder zum Betonen der Augen.

Halbmatte Lippenstifte zum Herausdrehen

Lippenstifte mit Perlglanz

Den Lippenstift kann man mit einem Lippenpinsel oder direkt auf die Lippen auftragen. Farben mit Frosteffekt wie dieses schimmernde Rosa, das kräftige Violett oder das warme Schokobraun wirken recht zurückhaltend.

Matte und halbmatte Lippenstifte

Matte Lippenstifte wirken warm und intensiv und passen zu einem Abend-Make-up, während halbmatte Schattierungen sehr natürlich erscheinen und sich gut tagsüber tragen lassen. Die Farbpalette reicht von klassischem Rot bis hin zu intensivem Mahagoni.

Matte Lippenstifte zum Herausdrehen

Nagellack

Der Nagellack ist das I-Tüpfelchen gepflegter Hände. Es gibt heute so viele Farben, daß für jede Stimmung und jede Gelegenheit das Richtige zu finden ist (siehe Seite 102–103). Nagellack wirkt besonders gut, wenn die Farbe zum Rest des Make-ups paßt, es ergänzt oder Ton in Ton mit der Kleidung abgestimmt ist. Auch lackierte Fußnägel sehen toll aus – nicht nur im Sommer! Entfernen Sie die Farbe vollkommen, sobald sie abzublättern beginnt.

Grundausstattung

Damit der Nagellack gut hält, tragen Sie zunächst einen Unterlack auf. Über den farbigen Lack kommt schließlich ein Überlack (Top Coat). Alten Lack sollte man immer mit einem nagelschonenden acetonfreien Entferner beseitigen, denn dieser entzieht den Nägeln kein Fett.

Unterlack

Überlack

Nagellack-entferner

Pastelltöne

Von blassem Apricot bis hin zu zartem Blau: Pastelltöne kann man tagsüber und abends tragen.

Natürliche Brauntöne

Warme, unaufdringliche Farben wirken natürlich; am besten trägt man sie tagsüber.

Rosa- und Violettöne

Von zartem Rosé bis hin zu kräftigem Altrosa: Diese Farben passen immer. Violett hingegen ist auffälliger und spannungsreicher.

Blautöne

passen gut zu Jeans; tagsüber ein helles, zartes Blau, abends ein intensiveres.

Leuchtende Farben

Frisches Grün, strahlendes Orange, feuriges Rot und wildes Pink: Diese leuchtenden »Partyfarben« stecken voller Überraschungen.

Glitzerndes Gold
für abendlichen Glanz

Schimmerndes Silber
für Partyspaß

Gesichts- und Körperpflege

Junge Haut ist normalerweise fest, straff und elastisch – und damit sie möglichst lange so bleibt, sollte man sie schon früh pflegen. Reinigungsprodukte, Gesichtswasser und feuchtigkeitsspendende Cremes oder Fluids (auch Moisturizer genannt) sorgen für weiche, klare Haut. Außerdem bietet gepflegte Haut eine ideale Make-up-Grundlage. Aber auch die Körperhaut erfordert Aufmerksamkeit. Es gibt eine Vielzahl von Shampoos, Lotionen und Gels, die die tägliche Körperpflege zum Vergnügen machen.

Reinigungsprodukte

Ein gutes Reinigungsprodukt (Cleanser) sollte tiefsitzende Verschmutzungen und Make-up gründlich entfernen, ohne das Gleichgewicht der Haut zu stören oder ihr die natürlichen Fette zu entziehen. Das Reinigungsprodukt muß dem Hauttyp angepaßt sein (siehe Seite 28–29).

Milde Reinigungsmilch *für empfindliche und normale Haut pflegt schon beim Reinigen*

Reinigungsprodukt auf Tonerdebasis *für fettige und Mischhaut zur Tiefenreinigung und zum Entfernen abgestorbener Hautzellen*

Belebendes Peeling *zum Entfernen abgestorbener Hautschüppchen macht die Haut frisch und sauber*

Gesichtswasser

Gesichtswasser (oft auch Toner genannt) entfernt Reste von Reinigungsprodukten, die zu Reizungen und Entzündungen führen könnten; außerdem bereitet es die Haut auf die feuchtigkeitsspendende Creme vor. Nach dem Gesichtswasser soll sich die Haut straff und erfrischt, aber niemals trocken und angespannt anfühlen. Wählen Sie ein alkoholfreies Gesichtswasser mit pflegenden Inhaltsstoffen speziell für Ihren Hauttyp.

Leicht adstringierendes Gesichtswasser *für fettige und normale Haut*

Mildes Kräuter-Gesichtswasser *für normale und Mischhaut*

Parfüm- und alkoholfreies Gesichtswasser *für trockene und empfindliche Haut*

Feuchtigkeitsspendende Cremes und Fluids

Feuchtigkeitscremes und -fluids (Moisturizer) haben die Aufgabe, Feuchtigkeit in den oberen Hautschichten zu halten, so daß die Haut frisch und weich aussieht. Ob sie den Alterungsprozeß der Haut tatsächlich aufhalten können, ist umstritten, aber in jedem Fall verleihen sie der Haut ein gesundes Aussehen. Morgens sollten Sie eine leichte Feuchtigkeitscreme auftragen und abends, da die Haut nachts aufnahmefähiger ist, eine nährende Nachtcreme.

Leichtes Feuchtigkeitsgel für tagsüber – *für jeden Hauttyp*

Nährende Creme, *die die Poren nicht verstopft, für nachts*

Spezielles feuchtigkeitsspendendes Fluid *für empfindliche und angegriffene Haut*

Körperreinigung

Bei einem warmen Bad kann man entspannen und seinen Körper verwöhnen. Reinigen Sie Ihre Haut mit Körpershampoo oder Körperpeeling – oder gönnen Sie ihr ein pflegendes Badeöl.

Tiefenreinigendes Körpershampoo, *das sich leicht in die Haut einmassieren läßt*

Feinkörniges Körperpeeling, *das abgestorbene Hautzellen entfernt*

Nichtfettendes Badeöl, *das die Haut angenehm weich macht*

Badekristalle

Duftende Badekristalle mit natürlichen Inhaltsstoffen wie Meerwassermineralien und Algenextrakten machen ein warmes Bad noch angenehmer.

Rosen-Badekristalle *sind mild und entspannend*

Meerwasser-Badekristalle *wirken erfrischend und belebend*

Pfefferminz-Badekristalle *sind wohltuend und pflegend*

Körperlotion

Nach dem Baden oder Duschen sollten Sie sich mit einer nichtfettenden Körpermilch eincremen und im Anschluß vielleicht noch eine belebende Bodylotion einmassieren; zusätzlich eine Handcreme verwenden, die Ihre Hände weich und geschmeidig hält. Gegen Cellulite gibt es spezielle Öle und Lotions mit natürlichen Pflanzenextrakten.

Leichte Feuchtigkeitsmilch, *die die Haut weich und geschmeidig macht*

Belebende Körperlotion, *die die Haut straff und elastisch hält*

Körperbalsam, *der tief in die Haut eindringt und gegen Cellulite wirkt*

Besondere Pflege

Vielleicht möchten Sie Ihrer Haut im Sommer einen besseren Schutz bieten, als es eine gewöhnliche Sonnencreme tut. Wasserfester Sunblocker schirmt Ihr Gesicht gegen die schädlichen UV-Strahlen ab und kann als Unterlage für die Teint-Grundierung benutzt werden. Als Ergänzung zu Ihrem täglichen Hautpflegeprogramm können Sie besonders tiefsitzenden Schmutz von Zeit zu Zeit mit einer Tonerde-Maske entfernen und außerdem ein wärmeerzeugendes Gel einmassieren, das Ihrem Teint ein frisches Aussehen verleiht.

Wasserfester Sunblocker *schützt gegen die schädliche UV-Strahlung der Sonne*

Eine milde Tonerde-Maske *entfernt auch tiefsitzenden Schmutz und Staub*

Ein wärmeerzeugendes Gel *läßt Gesichts- und Körperhaut frisch und gesund aussehen*

HAUTPFLEGE-PROGRAMME

Ob normal, trocken, empfindlich, fettig oder Mischhaut – jeder Hauttyp braucht Tag für Tag ein dreistufiges Pflegeprogramm, das aus Reinigung, Erfrischung und Eincremen besteht, damit

die Haut sauber, gesund und einfach schön bleibt. Aber auch darüber hinaus können Sie etwas für Ihre Haut tun: mit tiefreinigenden Masken, sanftem Peeling und von Zeit zu Zeit einer straffenden Massage. Die fol-

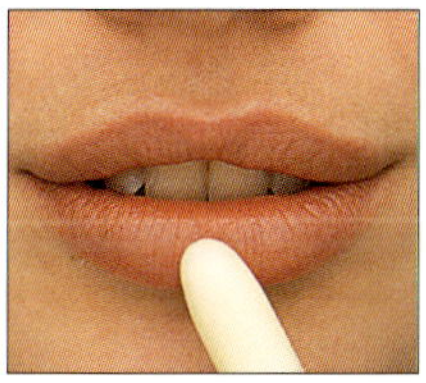

genden Fotosequenzen zeigen, wie ein wirksames Pflegeprogramm aussehen kann.

Reinigung

Die Reinigung ist der erste Teil des Drei-Stufen-Programms und sollte morgens und abends stattfinden, um sowohl den alltäglichen Schmutz als auch tiefersitzende Verunreinigungen aus den Poren zu entfernen. Die Reinigungsprodukte spielen auch im Kampf gegen die Hautalterung eine Rolle, weil sie die Haut aufnahmebereit für Feuchtigkeits- und Anti-Aging-Cremes machen. Vergessen Sie bei der Reinigung nicht den Hals, denn er braucht ebensoviel Pflege wie das Gesicht.

— Das richtige Reinigungsprodukt —

Normale Haut	*Cremiger Flüssig- oder Cremereiniger; wasserlösliches Produkt oder milde Gesichtsseife*
Trockene Haut	*Cremereiniger oder sehr reichhaltiger Flüssigreiniger; feuchtigkeitsspendende, unparfümierte Seife – immer gründlich abspülen*
Fettige oder Mischhaut	*Leichte Reinigungslotion oder -milch; besonders unreine Stellen lassen sich mit medizinischem Flüssigreiniger behandeln*
Empfindl. Haut	*Hypoallergenes Produkt; Seife vermeiden*

1 Halten Sie die Haare aus dem Gesicht: zurückbinden oder ein Handtuch um den Kopf wickeln. Auch der Hals muß frei sein; am besten reinigt man ihn morgens als erstes und abends als letztes. Augen- und Lippen-Make-up entfernen siehe Seite 62–63.

2 ◁ Verwenden Sie ein Reinigungsprodukt, das zu Ihrem Hauttyp paßt (siehe oben), und massieren Sie es mit den Fingerspitzen kreisend in Gesicht und Hals ein, um Staub und anderen Schmutz von der Haut zu entfernen. Besondere Aufmerksamkeit verdient die T-Zone (Stirn-, Nasen- und Kinnbereich) sowie der Haaransatz – hier sammelt sich besonders viel Schmutz an. Gehen Sie mit sanften, leichten Bewegungen vor – niemals ziehen und zerren, denn dies kann Rötungen und Langzeitschäden verursachen.

***Das Reinigungsprodukt** mit kleinen, kreisenden Bewegungen in die Haut einmassieren.*

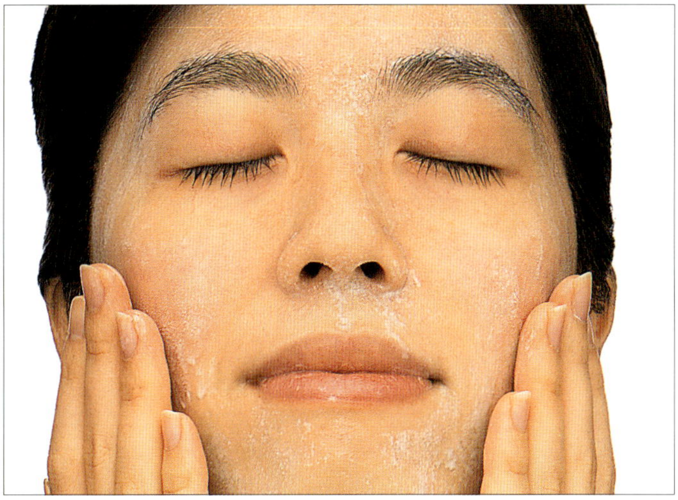

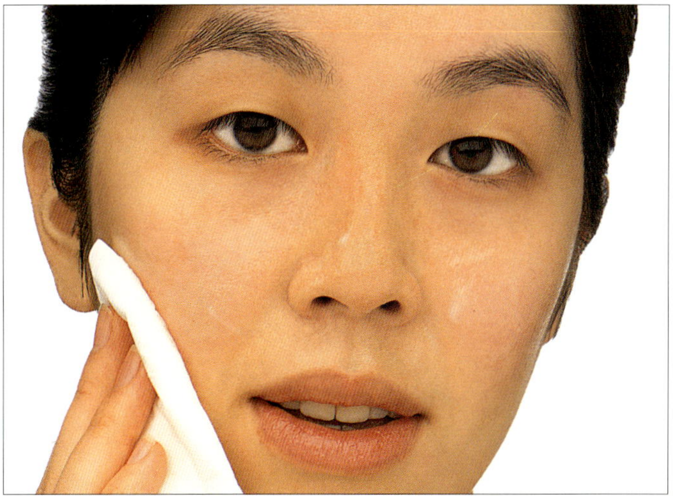

3 Wasserlösliche Produkte werden sorgfältig mit lauwarmem Wasser entfernt. Wärmeres Wasser entzieht fettiger Haut Öle, aber reizt möglicherweise trockene und empfindliche Haut. Heißes Wasser hingegen kann zu geplatzten Äderchen führen.

4 Fettlösliche Produkte entfernt man sanft mit Kosmetiktüchern – nicht ziehen und zerren. Nehmen Sie ein frisches Kosmetiktuch, sobald auf dem alten Schmutzspuren sichtbar werden; andernfalls massieren Sie den Staub wieder in die geöffneten Poren ein.

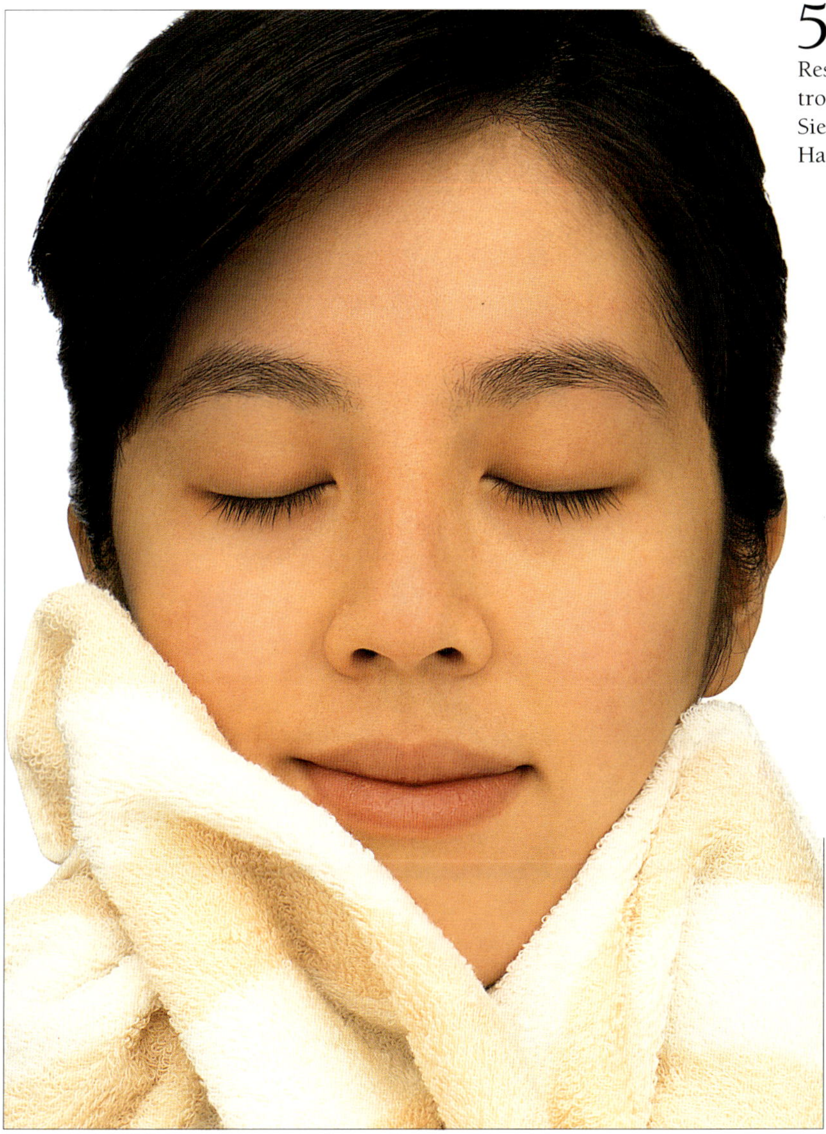

5 Achten Sie darauf, das Reinigungsprodukt sorgfältig zu entfernen. Reste wirken auf der Haut weiter und trocknen sie aus. Anschließend tupfen Sie die Haut mit einem sauberen Handtuch trocken.

Allergietest

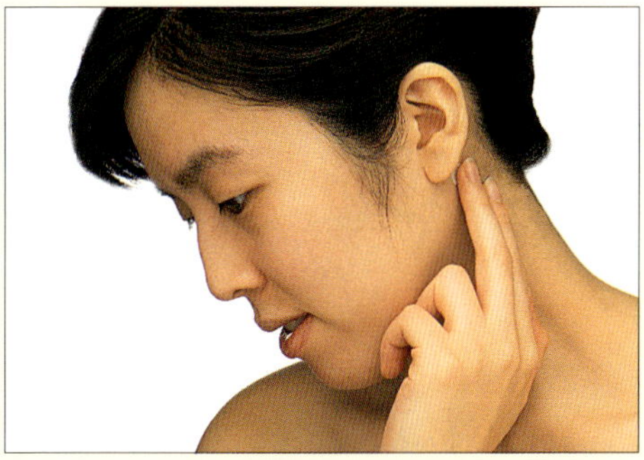

Vor der ersten Anwendung sollten Sie Reinigungsprodukte, Gesichtswasser und Cremes testen. Dazu reiben Sie ein wenig davon hinter Ihr Ohr und prüfen nach 24 Stunden, ob sich eine Reaktion gezeigt hat.

GESICHTSWASSER

Gesichtswasser (Toner) ist der zweite Teil Ihres täglichen Pflegeprogramms. Mit Gesichtswasser entfernt man die letzten Spuren des Reinigungsprodukts; außerdem schließt es die Poren und verhindert die Ablagerung abgestorbener Hautzellen. Nach dem Gesichtswasser fühlt sich Ihre Haut erfrischt und belebt an und ist aufnahmebereit für die Feuchtigkeitspflege. Wirkt Ihre Haut müde und stumpf, klopfen Sie das Gesichtswasser durch sanftes Tätscheln der Haut ein – das fördert die Durchblutung der obersten Hautschicht.

DAS RICHTIGE GESICHTSWASSER

Normale Haut	*Produkt mit oder ohne Alkohol; Rosenwasser oder stilles Mineralwasserspray*
Trockene Haut	*Mildes, alkoholfreies Produkt; Rosenwasser oder Wasser*
Fettige oder Mischhaut	*Produkt auf Alkoholbasis (aber nicht reiner Alkohol wie Ethanol, Methanol oder Isopropyl – sie trocknen die Haut aus)*
Empfindl. Haut	*Hypoallergenes oder alkoholfreies Produkt*

1 ◁ Verwenden Sie ein Gesichtswasser, das zu Ihrem Hauttyp paßt (siehe oben). Geben Sie ein wenig davon auf einen feuchten Wattebausch – so läßt es sich einfacher und sparsamer auftragen. Streichen Sie in kleinen, kreisenden Bewegungen sanft über Gesicht und Hals – nicht ziehen und zerren. Beachten Sie dabei besonders die Bereiche, in denen Sie auch besonders viel Reiniger benutzt haben, und sparen Sie die empfindliche Augen- und Lippenpartie aus.

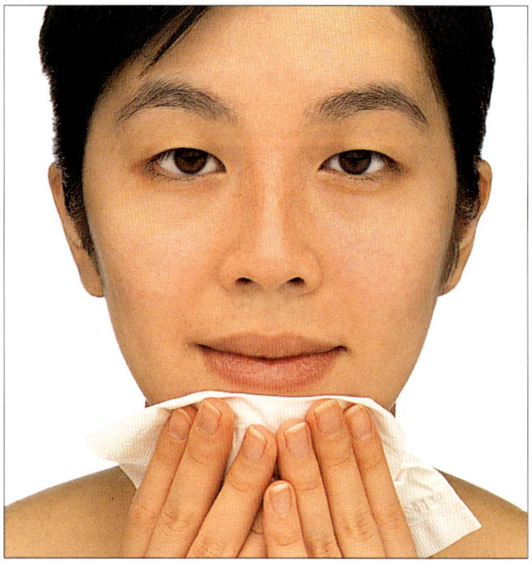

2 △ Tupfen Sie Gesicht und Hals vorsichtig mit einem Kosmetiktuch trocken. Wenn Sie bemerken, daß ein Gesichtswasser zu sehr auf der Haut spannt, benutzen Sie zur Erfrischung so lange nur Wasser, bis die Haut wieder im Gleichgewicht ist, und wechseln Sie dann zu einem anderen Produkt. Das passiert häufig, wenn Produkte einen hohen Alkoholanteil besitzen – lesen Sie vor dem Kauf immer die Inhaltsangabe.

***Gesichtswasser** sanft auf Gesicht und Hals verteilen, ohne die Haut zu zerren.*

FEUCHTIGKEITSPFLEGE

Die Feuchtigkeitspflege ist der letzte Teil des Pflegeprogramms. Sie bringt den durch Sonneneinstrahlung, Hitze, Wind, Kälte und Luftverschmutzung gestörten Feuchtigkeitshaushalt der Haut wieder ins Gleichgewicht. Eine gute Tagescreme sollte einen Lichtschutzfaktor enthalten und leicht von der Haut aufgenommen werden. Bleibt ein Fettfilm auf der Haut zurück, wird dies beim Auftragen des Make-ups Probleme machen. Abends verwendet man eine reichhaltigere, nährendere Creme, denn die Haut ist nachts besonders aufnahmefähig.

DIE RICHTIGE CREME

Normale Haut	*Leichte Creme oder Lotion mit Lichtschutzfaktor*
Trockene Haut	*Schützende Creme mit Lichtschutzfaktor*
Fettige oder Mischhaut	*Sehr leichte, nichtfettende Creme mit Lichtschutzfaktor; sollte nichtkomedogen sein (nicht die Poren verstopfen)*
Empfindl. Haut	*Hypoallergene Creme mit Lichtschutzfaktor*
NACHTPFLEGE	*Für alle Hauttypen eine reichhaltigere, nährendere Creme als die Tagescreme*

1 Verwenden Sie eine Creme, die zu Ihrem Hauttyp paßt (siehe oben rechts). Geben Sie fünf kleine Kleckse auf Gesicht und Hals (je einen auf jede Wange, die Stirn, das Kinn und den Hals), die Sie mit den Fingerspitzen gleichmäßig auf Gesicht und Hals verteilen. Nicht zuviel Creme auftragen, denn die Haut kann nur eine bestimmte Menge aufnehmen.

Cremekleckse auf Gesicht und Hals geben – so läßt sich die Creme gleichmäßiger verteilen.

2 ▷ Massieren Sie die Creme sanft kreisend in die Haut ein. Augenpartie aussparen – sie benötigt eine spezielle Pflege (siehe Seite 62).

3 Lassen Sie die Creme mindestens fünf Minuten einziehen, bevor Sie das Make-up auftragen. Beginnen Sie zu früh mit dem Make-up, wird es Ihnen später vom Gesicht »rutschen«.

Augen-Make-up entfernen

Je mehr Augen-Make-up Sie tragen, desto wichtiger ist ein spezielles Reinigungsprodukt für den empfindlichen Augenbereich. Damit läßt sich auch die widerstandsfähigste wasser- oder tränenfeste Wimperntusche problemlos entfernen, ohne daß man die feine Haut rund um die Augen zu stark »bearbeiten« muß. Entfernt man das Augen-Make-up nicht regelmäßig gründlich, verstopfen die Poren – die Folge sind Pickel. Verwenden Sie für jedes Auge einen sauberen Wattebausch oder ein sauberes Kosmetiktuch.

Augenpflege

- *Im empfindlichen Augenbereich wird die Hautalterung am ehesten sichtbar – deshalb ist eine spezielle Augencreme, die man morgens und abends aufträgt, besonders wichtig.*
- *Seien Sie sparsam mit Augencreme – zu dick aufgetragen, kann sie zu Schwellungen führen. Drei bis vier Kleckse unters Auge und zwei auf den Brauenbogen geben und sanft mit Mittel- oder Ringfinger einstreichen.*
- *Wählen Sie eine sehr leichte Augencreme mit wenig Fett – sie zieht leichter in die Haut ein.*

1 Zum Entfernen des Augen-Make-ups vom Oberlid tragen Sie den Reiniger sanft kreisend mit dem Mittelfinger auf. Sie können auch ein mit Augen-make-up-Entferner getränktes Wattestäbchen benutzen.

2 Wischen Sie den Entferner mit einem sauberen Wattepad vom Lid – dabei immer vom inneren Augenwinkel nach außen vorgehen, ohne die Haut zu zerren.

3 Zum Entfernen der Wimperntusche einen Klecks Entferner auf ein Kosmetiktuch geben und um den Zeigefinger wickeln. Das Tuch von unten an den Wimpern entlangziehen.

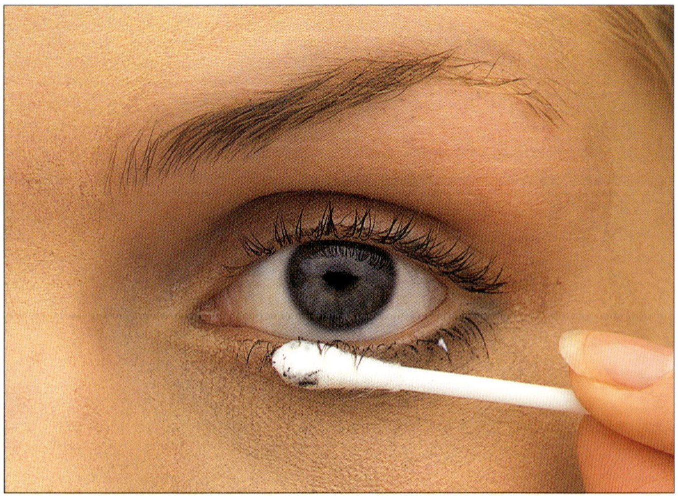

4 Inneren Augenwinkel und unteren Lidrand mit einem Entferner-getränkten Wattestäbchen reinigen. Dann den Augenbereich mit einem Kosmetiktuch trockentupfen.

LIPPENSTIFT ENTFERNEN

Entfernen Sie auch den Lippenstift immer sorgfältig – andernfalls können die Lippen austrocknen und rissig werden. Lippen brauchen ebenfalls regelmäßig Feuchtigkeit; sie sind der austrocknenden Wirkung von Sonne und Wind besonders schutzlos ausgeliefert, weil sie keine eigenen Talgdrüsen besitzen. Auf gepflegte Lippen läßt sich Lippenstift viel leichter und gleichmäßiger auftragen (siehe Seite 96–97), und er haftet auch wesentlich besser.

LIPPENPFLEGE

- *Verwenden Sie Lippencreme oder -balsam mit Vitamin E, das die Lippen weich und geschmeidig macht.*
- *Benutzen Sie immer feuchtigkeitshaltigen Lippenstift, um die Lippen vor Austrocknung zu schützen. Wenn Sie sich viel im Freien aufhalten, wählen Sie einen Lippenstift mit Lichtschutzfaktor.*
- *Kleinen Fältchen im Mundbereich können Sie mit einer Gesichtsübung entgegenwirken: Öffnen Sie den Mund weit, und schließen Sie ihn mit leichtem Widerstand. Zehnmal wiederholen.*

1 Etwas Make-up-Entferner auf feuchtes Wattepad oder Kosmetiktuch geben und sanft von den Mundwinkeln in die Mitte streichen. Anschließend mit einem Kosmetiktuch trockentupfen.

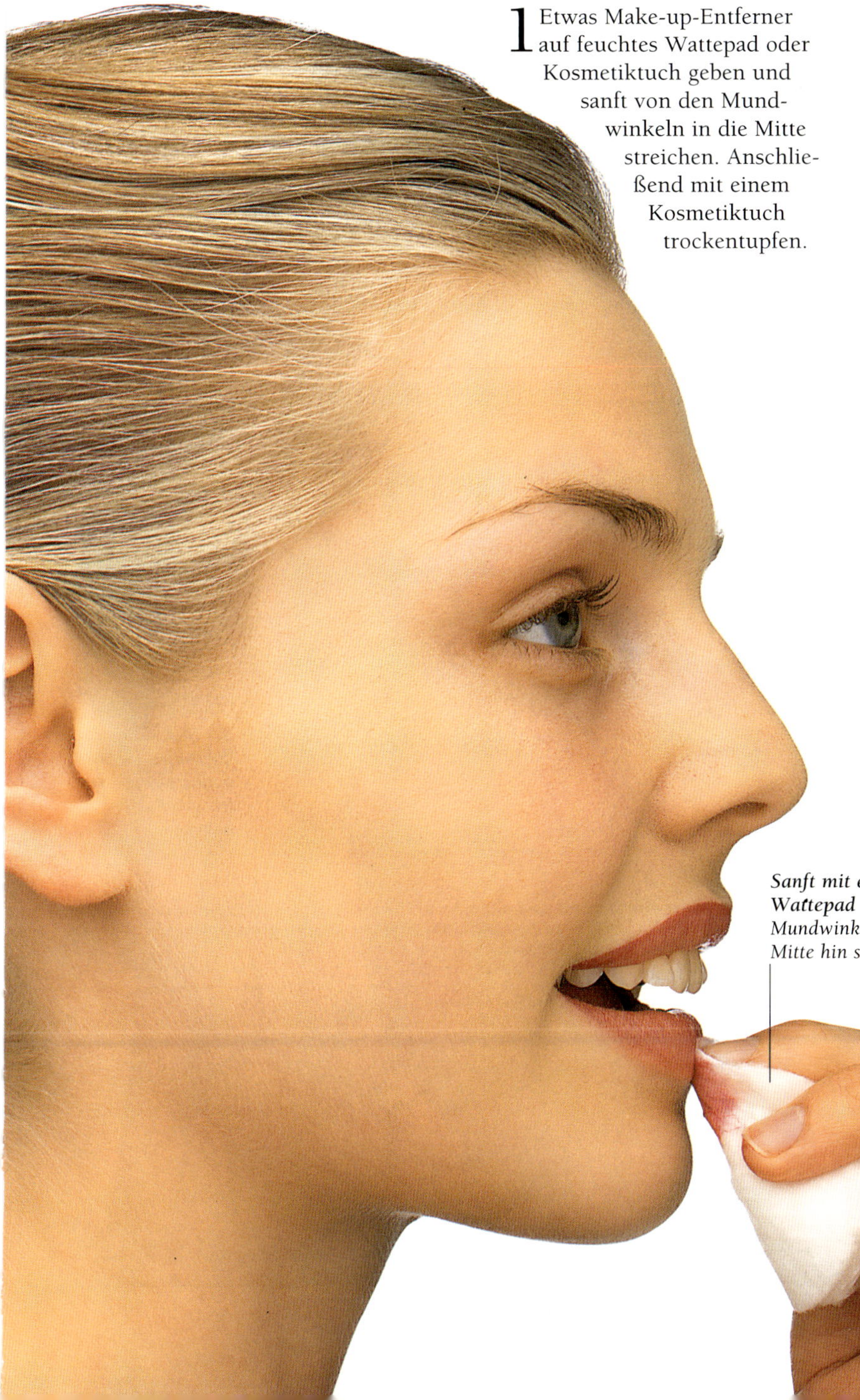

***Sanft mit einem Wattepad** von den Mundwinkeln zur Mitte hin streichen.*

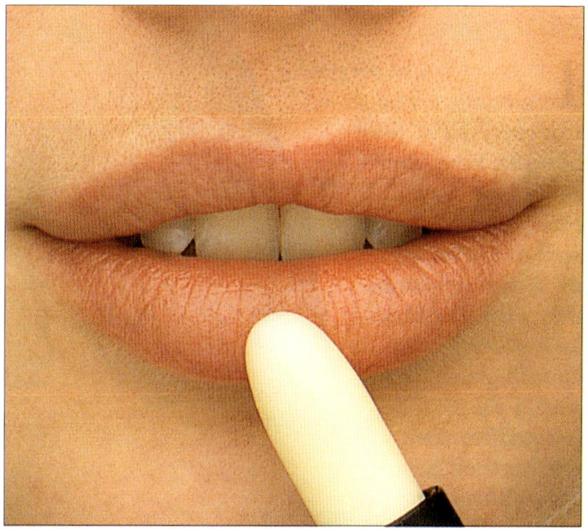

2 Nach dem Entfernen des Lippenstifts spezielle Lippencreme oder -balsam auftragen. Das Produkt sollte nicht zu fettig sein, denn wenn Sie sich zu oft die Lippen ablecken, trocknen sie aus.

LIPPENPEELING

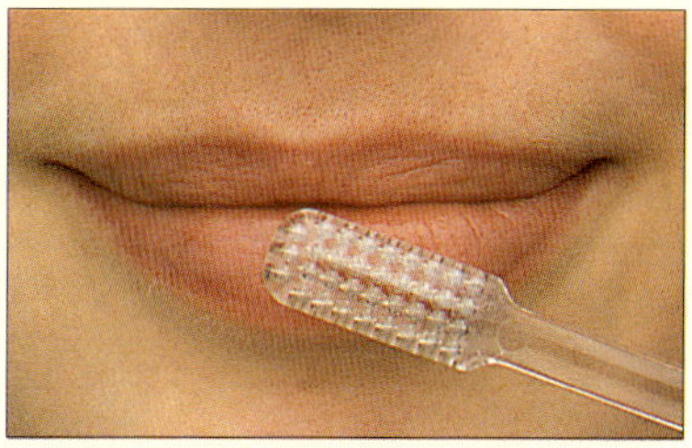

Einmal pro Woche sollten Sie ein Lippenpeeling machen, indem Sie tote Hautzellen mit einer kleinen, feinen Bürste oder einer weichen Zahnbürste entfernen. Dies regt die Zellerneuerung an und läßt die Lippen geschmeidig und gesund aussehen. Zur zusätzlichen Pflege einen Klecks Lippencreme oder -balsam auf die Bürste geben.

Peeling

Ein Peeling beseitigt trockene, abgestorbene Hautzellen, läßt die Haut wieder besser arbeiten und frischer und jünger aussehen. Außerdem macht es sie aufnahmebereit für die Creme und erstickt so manchen Pickel im Keim. Je nach Hauttyp sollten Sie das Peeling einmal bis dreimal pro Woche durchführen – fettige Haut kann öfter mal ein Peeling vertragen, während bei normaler und trockener Haut eine wöchentliche Behandlung ausreicht. Ob Creme oder Gel, das Peeling sollte nicht abrasiv (schleifend) sein.

Pflegetips

- *Niemals zu fest reiben, denn dadurch wird die Haut nicht nur gereizt, sondern auch die Talgproduktion angeregt.*
- *Zuviel des Guten zeigt sich zuerst in Form von Rötungen der empfindlichen Haut im oberen Wangenbereich. Ist dies der Fall, sofort aufhören und mit dem nächsten Peeling warten, bis sich die Haut wieder vollständig erholt hat.*
- *Bei Mischhaut die fettigen Partien zwei- bis dreimal pro Woche peelen, die trockenen, empfindlichen Partien hingegen nur einmal wöchentlich.*

1 Das Gesicht reinigen (siehe Seite 58–59) und das Peeling gleichmäßig darauf verteilen, dabei Augen- und Lippenpartie aussparen. Nötigenfalls trocknen lassen.

2 ▷ Das Peeling mit den Fingerspitzen sanft einmassieren, besonders in unreine Problembereiche, jedoch nicht zu fest rubbeln. Bilden sich trockene Stellen, oder fühlt sich die Haut plötzlich empfindlich an, reiben Sie zu stark oder wenden das Peeling zu oft an.

3 Das Peeling mit lauwarmem Wasser gründlich abspülen. Gesichtswasser und Feuchtigkeitscreme auftragen (siehe Seite 60–61) und mit dem nächsten Make-up einige Stunden warten.

***Augenpartie** aussparen*

***Mit den Fingerspitzen** einmassieren*

Dampfbäder

Für diese »Gesichtssauna« brauchen Sie lediglich heißes Wasser. Dieses einfach durchzuführende, aber sehr wirksame Dampfbad öffnet die Poren, lockert Mitesser, zieht Pickel aus der Haut und beseitigt tiefsitzenden Schmutz sowie Giftstoffe – die Haut ist danach porentief sauber! Es eignet sich für alle Hauttypen und sollte zusätzlich zum normalen Pflegeprogramm einmal wöchentlich ausgeführt werden – bei sehr fettiger Haut auch öfter.

Pflegetips

- *Bringen Sie Ihr Gesicht nicht zu nah an das kochendheiße Wasser: Dies kann zu Verbrühungen und geplatzten Äderchen führen.*
- *Geben Sie statt Rosenwasser zur Belebung der Haut einen Eßlöffel frische Kräuter in das Wasser – zum Beispiel Lavendel, Thymian oder Rosmarin.*
- *Nach dem Dampfbad etwa eine Stunde lang nicht ins Freie gehen.*
- *Wenn Sie Mitesser ausdrücken möchten, dann direkt nach dem Dampfbad, aber vor dem Gesichtswasser und der Creme.*

1 Füllen Sie eine saubere Schüssel zu drei Viertel mit kochendheißem Wasser, und geben Sie einige Tropfen Rosenöl hinzu.

2 ▷ Halten Sie Ihr Gesicht in 30 bis 45 cm Abstand über das Wasser, und legen Sie ein trockenes Handtuch über Kopf und Schüssel.

3 Bleiben Sie etwa zehn Minuten in dieser Position. Das Handtuch sollte die ganze Zeit über dicht schließen, so daß möglichst wenig Dampf entweicht.

4 Gesichtswasser und anschließend Feuchtigkeitscreme auftragen (siehe Seite 60–61).

Straffende Gesichtsmassage

Schon seit Jahrhunderten verschönert und verwöhnt man Gesicht und Körper durch Massagen. Auch wenn eine Gesichtsmassage bereits vorhandene Falten nicht zum Verschwinden bringt, kann sie doch neuen Falten vorbeugen und die Haut geschmeidiger, fester und jünger aussehen lassen. Die folgende Methode ist eine Kombination aus Massage- und Akupressurtechniken; sie fördert die Durchblutung der Haut, regt das Lymphsystem zum Abtransport von überschüssiger Flüssigkeit an und strafft darüber hinaus bestimmte Partien. Vor der Massage tragen Sie ein wenig von Ihrer gewöhnlichen Feuchtigkeitscreme oder ein wärmeerzeugendes Gesichtsmassagegel auf. Wiederholen Sie jeden Schritt dreimal, und führen Sie die Akupressurgriffe mit dem Zeigefinger aus. Dabei üben Sie jeweils drei Sekunden Druck aus und wiederholen dies ebenfalls dreimal. Denken Sie daran, daß die Gesichtshaut empfindlicher ist als die restliche Haut, und gehen Sie deshalb sanft vor; üben Sie nicht zuviel Druck aus.

Stirn und Schläfen

1 ▷ Mimikfältchen erscheinen besonders im Stirnbereich. Tragen Sie etwas Creme oder Gel auf Ihre Finger auf. Legen Sie Mittel- und Zeigefinger zwischen die Augenbrauen, und streichen Sie nach oben und außen, als wollten Sie die Falten »wegbügeln«.

***Mit Zeige- und Mittelfingern** über die Stirn streichen.*

***Mit den Mittelfingern** die Akupressurpunkte an den Schläfen drücken.*

2 Leichten Druck auf die Schläfen ausüben – dies wirkt entspannend und kann sogar Kopfschmerzen lösen. Außerdem läßt es die Augen weniger müde erscheinen.

Nase und Augen

1 Zur Bekämpfung der feinen Fältchen, die sich leicht im empfindlichen Augenbereich bilden, lassen Sie die Mittelfinger um die Augen kreisen; am Brauenansatz beginnen und leicht streichen.

2 Sanften Druck auf die abgebildeten Akupressurpunkte entlang der Augenbrauen, am äußeren Augenwinkel und unter der Augenmitte ausüben. Dies regt den Blut- und Lymphfluß im Augenbereich an.

3 Mit dem Mittelfinger über den Nasenrücken streichen, dann die Nasenflügel mit den Mittelfingern in kreisenden Bewegungen massieren, um dem Auftreten frühzeitiger Falten vorzubeugen.

4 Sanften Druck auf die Akupressurpunkte neben den Nasenlöchern ausüben. Dies kann eine verstopfte Nase öffnen und Fältchen im Nasenbereich vorbeugen.

Wangen und Mund

1 ◁ Mit Mittel- und Zeigefinger in Spiralbewegungen vom Kinn in Richtung Ohrläppchen, von den Mundwinkeln bis zu den Ohren und von den Nasenflügeln bis zu den Schläfen massieren.

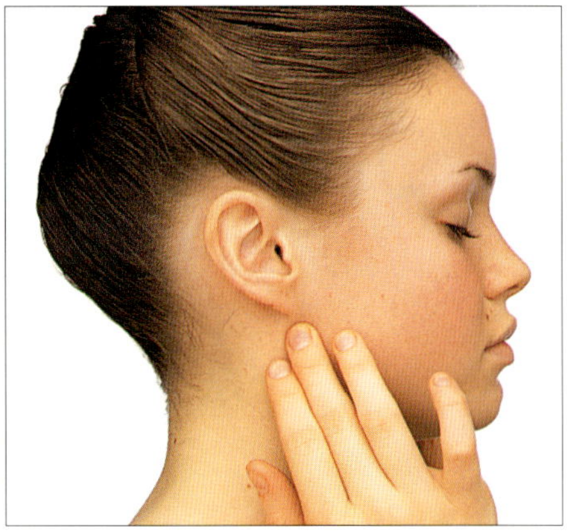

2 △ Üben Sie sanften Druck auf die Akupressurpunkte unterhalb der Ohren aus. Dies regt den Blut- und Lymphfluß im unteren Gesichtsbereich an.

3 ◁ Von der Kinnmitte aus mit dem Mittelfinger um den Mund massieren. Von unten nach oben arbeiten, dabei Mimik- und andere Fältchen ausstreichen.

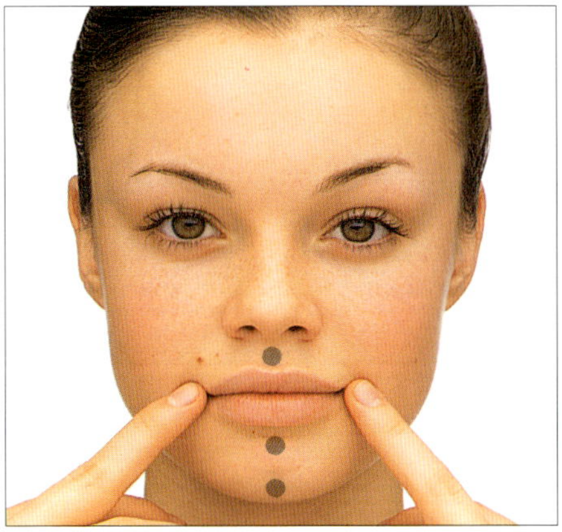

4 △ Üben Sie sanften Druck auf die Akupressurpunkte neben dem Mund, über der Oberlippe, im Grübchen unterhalb der Unterlippe und in der Kinnmitte aus. Dies beugt der Faltenbildung im Mundbereich vor.

Kinn und Hals

1 ◁ Beginnend am äußeren Ende des Kieferknochens zupfen Sie die Haut sanft mit Daumen und Zeigefinger, um das Gewebe zu festigen. An der Kinnmitte angekommen, zupfen Sie wieder nach außen.

2 △ Mit der flachen Hand von rechts nach links entlang des Kieferknochens und anschließend mit der anderen Handfläche von links nach rechts streichen. Dies fördert die Spannung des Gewebes.

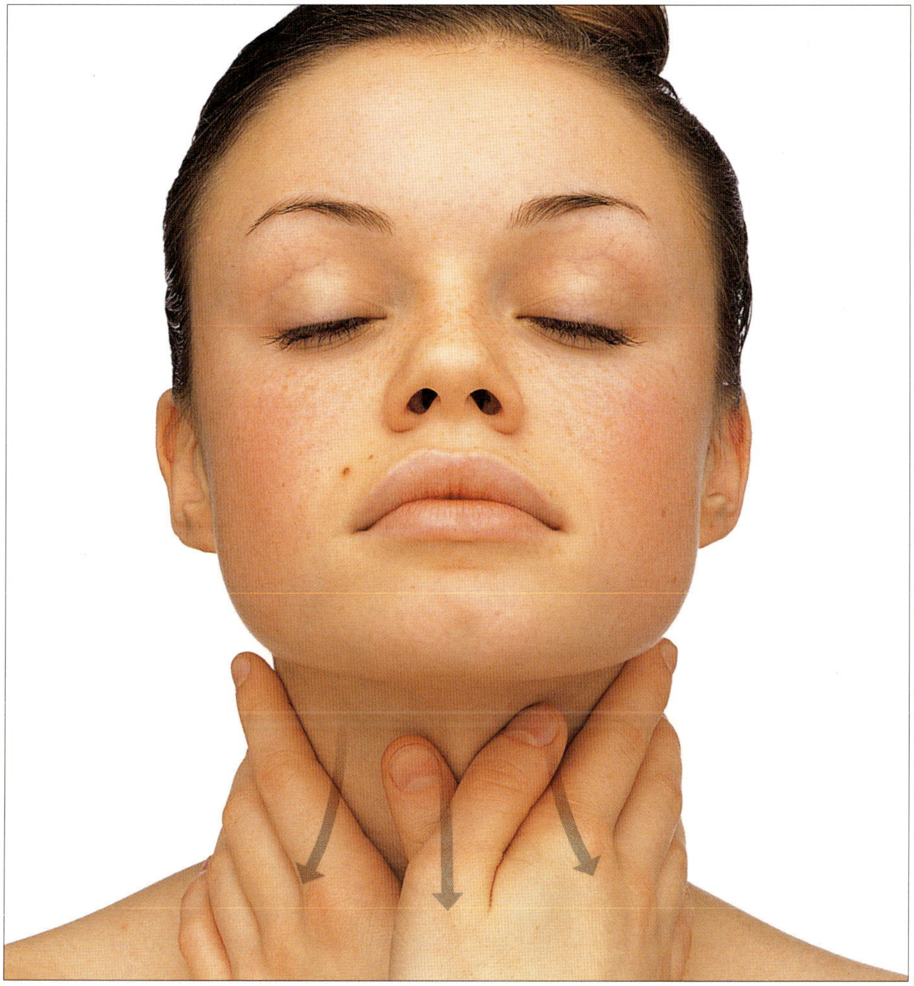

3 ◁ Beide Handflächen auf den Hals legen und abwärts gleiten lassen. Dies dient der Stimulierung des Lymphsystems.

4 △ Üben Sie sanften Druck auf die abgebildeten Akupressurpunkte am Haaransatz aus. Dabei gehen Sie von den Ohren in Richtung Halsmitte vor. Diese Griffe bauen Spannung an Hinterkopf und Hals ab.

5 Klopfen Sie mit Zeige-, Mittel- und Ringfinger 30 Sekunden über das ganze Gesicht, und spülen Sie anschließend mit warmem Wasser Reste von Creme oder Massagegel ab. Dann tätscheln Sie Ihr Gesicht mit kaltem Wasser, so daß sich die Poren schließen.

Make-up – Schritt für Schritt

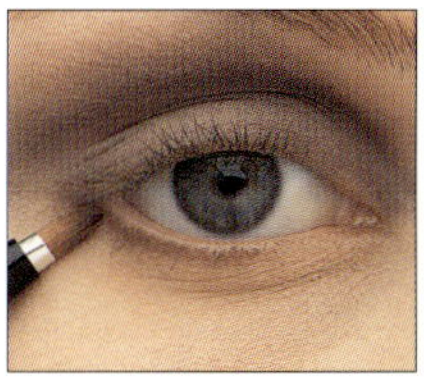

Ein gekonnt aufgetragenes Make-up sieht professionell aus und hält so lange, wie Sie es wollen. Ganz gleichgültig, ob Sie Lidschatten oder Eyeliner, falsche Wimpern oder Grundierung, Lippenstift oder

Konturenstift verwenden, es sind einige Grundregeln zu beachten. Die Schritt-für-Schritt-Sequenzen auf den folgenden Seiten zeigen, wie Sie am besten vorgehen, welches Zubehör notwendig ist, wie Sie Augen, Lippen und

Nägel effektvoll betonen und mit Farben unterschiedliche Wirkungen erzielen können.

KOMPAKTGRUNDIERUNG AUFTRAGEN

Kompaktgrundierungen geben der Haut einen weichen, matten Schimmer und verhindern fettigen Glanz. Einige werden mit einem trockenen anstatt einem feuchten Schwämmchen aufgetragen, und manche Kompaktgrundierungen enthalten Puderpartikelchen, so daß man nur bei sehr fettiger Haut noch zusätzlich etwas mattierenden Puder darübergeben muß. Mit etwas Übung findet man heraus, wieviel Grundierung nötig ist.

ZUBEHÖR

Kompaktgrundierung

WEITERE UTENSILIEN
Haarband oder -tuch
Reinigungsprodukt
Creme
Abdeckstift

Schwämmchen

1 Halten Sie Ihr Haar mit einem Haarband oder einem Tuch aus dem Gesicht. Reinigen Sie Ihr Gesicht, und cremen Sie es ein (siehe Seite 58–61). Dann lassen Sie die Creme mindestens fünf Minuten lang in die Haut einziehen.

Zuerst mit dem Schwämmchen sanft und regelmäßig über die großen Gesichtspartien streichen.

2 Streichen Sie mit dem Schwamm über die Kompaktgrundierung. Ist ein feuchtes Schwämmchen notwendig, befeuchten Sie es und drücken das überschüssige Wasser aus. Je feuchter der Schwamm, desto zarter die Wirkung der Grundierung; je trockener der Schwamm, desto dunkler und deckender der Effekt.

3 ▷ Mit leichten, gleichmäßigen Streichbewegungen bedecken Sie zuerst die großen Gesichtspartien, wobei Sie deren natürlichen Konturen folgen.

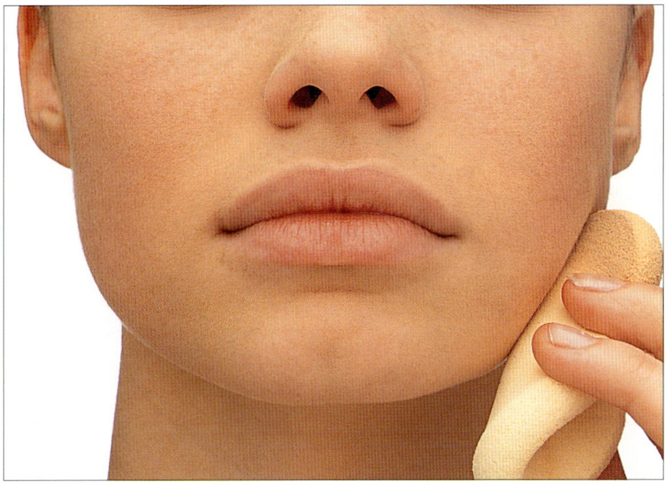

4 Lassen Sie die Grundierung unterhalb des Kieferknochens und entlang des Halses natürlich verlaufen, so daß kein abrupter Übergang entsteht.

5 Tragen Sie am Haaransatz nicht zuviel auf. Achten Sie am Schluß darauf, daß das ganze Gesicht gleichmäßig grundiert ist. Pickel und andere noch sichtbare Unregelmäßigkeiten decken Sie anschließend mit einem Spezialstift ab (siehe Seite 77).

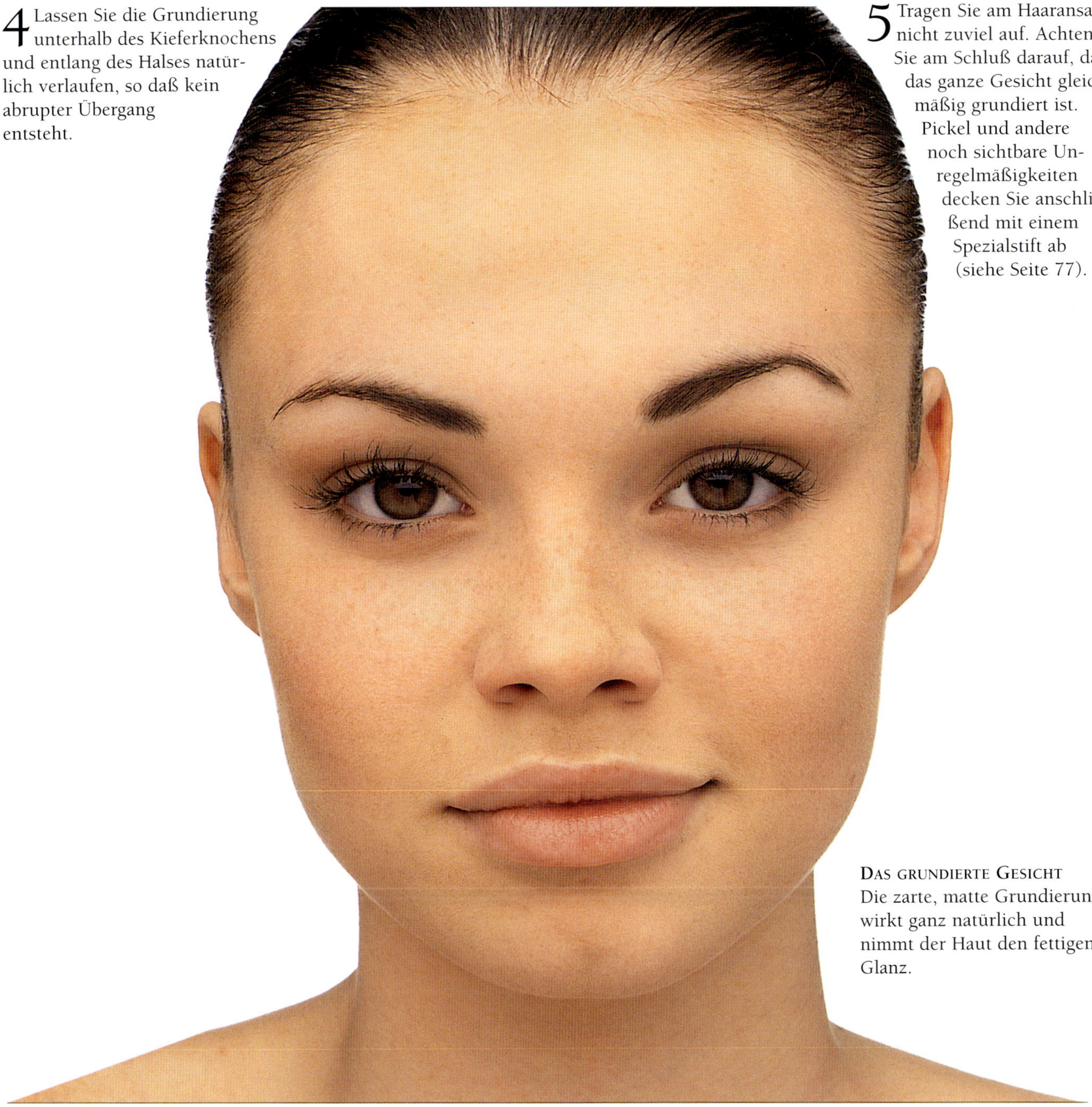

Das grundierte Gesicht
Die zarte, matte Grundierung wirkt ganz natürlich und nimmt der Haut den fettigen Glanz.

FLÜSSIGGRUNDIERUNG AUFTRAGEN

Flüssige Grundierung wirkt zarter und durchscheinender als die Kompaktvariante und ist bei trockener Haut etwas leichter aufzutragen. Manchen allerdings fällt der Umgang mit flüssiger Grundierung schwer; der Trick besteht darin, nicht zuviel davon auf das Schwämmchen zu bringen, denn dann wirkt der Teint schnell streifig und unnatürlich. Zum Abschluß einen Hauch Puder über das Gesicht geben.

ZUBEHÖR

Flüssige Grundierung

Schwämmchen

Transparenter Puder

WEITERE UTENSILIEN
Haarband oder -tuch
Reinigungsprodukt
Creme
Abdeckstift und Pinsel
Puderpinsel

1 Halten Sie Ihr Haar mit einem Haarband oder einem Tuch aus dem Gesicht. Reinigen Sie Ihr Gesicht, und cremen Sie es ein (siehe Seite 58–61). Dann lassen Sie die Creme mindestens fünf Minuten lang in die Haut einziehen.

2 ▷ Geben Sie etwas Grundierung in die Verschlußkappe der Flasche, und saugen Sie sie mit dem Schwämmchen auf. Mit sanften Streichbewegungen bedecken Sie zuerst die großen Gesichtspartien, wobei Sie deren natürlichen Konturen folgen. Unter dem Kieferknochen und entlang des Halses sowie an den Haaransätzen gut verlaufen lassen.

3 Prüfen Sie am Schluß, ob Augenpartie und Nasenflügel gleichmäßig grundiert sind. Mit dem Schwämmchen sanft alle Bereiche abtupfen, die noch etwas mehr Grundierung brauchen, aber nicht das ganze Gesicht noch einmal bedecken, da dies zu unnatürlich wirken würde.

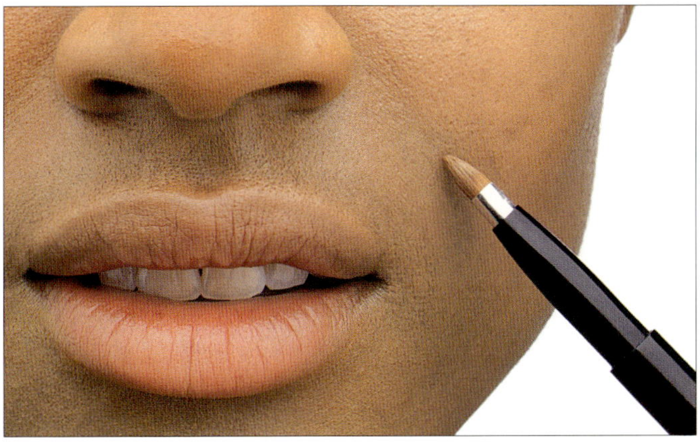

4 Sind danach noch Pickel oder andere Unregelmäßigkeiten zu sehen, decken Sie sie mit Abdeckstift und Pinsel ab; dabei die Übergänge gut verwischen.

5 Zum Abschluß den natürlichen Konturen folgend mit einem dicken Pinsel transparenten Puder auf das Gesicht geben. Um einen noch matteren Effekt zu erzielen, den Puder mit einer Quaste auftragen.

Das grundierte Gesicht
Die Grundierung ist zart und gleichmäßig, Unebenheiten wurden abgedeckt. Die Augenbrauen sind leicht nachgestrichelt, so daß sie sich gegen die Grundierung abheben.

Korrigieren mit Farben

Diese Farben sind wahrscheinlich das letzte, was Sie in Ihrem Gesicht sehen möchten, aber die flüssigen Spezialfarben können eine ganze Menge kaschieren. Sie beruhen auf dem Prinzip der komplementären Farben: Demnach mildert Grün Rötungen und tönt Blau einen geröteten Teint ab, während Weiß dunkle Augenringe abdeckt und Violett einen gelblichen Teint natürlicher und gesünder erscheinen läßt. Unter der Grundierung aufgetragen, stellen diese korrigierenden Farben eine gute Grundlage für das Make-up dar und lassen es länger frisch wirken.

Zubehör

Grüne Korrekturfarbe

Flüssiggrundierung

Schwamm zum Auftragen der Korrekturfarbe

Weitere Utensilien
Haarband oder -tuch
Reinigungsprodukt
Creme

Schwamm zum Auftragen der Grundierung

1 Wählen Sie die zu Ihrem Teint passende Korrekturfarbe aus. Hier kaschiert Grün Rötungen und geplatzte Äderchen. Binden Sie Ihr Haar mit einem Haarband oder einem Tuch aus dem Gesicht. Reinigen Sie Ihr Gesicht, und cremen Sie es ein (siehe Seite 58–61). Die Creme mindestens fünf Minuten lang in die Haut einziehen lassen.

2 ◁ Geben Sie etwas Korrekturfarbe auf ein Kosmetikschwämmchen, und verteilen Sie sie entweder auf dem ganzen Gesicht oder nur auf den Problemzonen, wie etwa den Wangen. Achten Sie darauf, daß die Farbe gleichmäßig verteilt ist; nötigenfalls noch etwas nachtupfen.

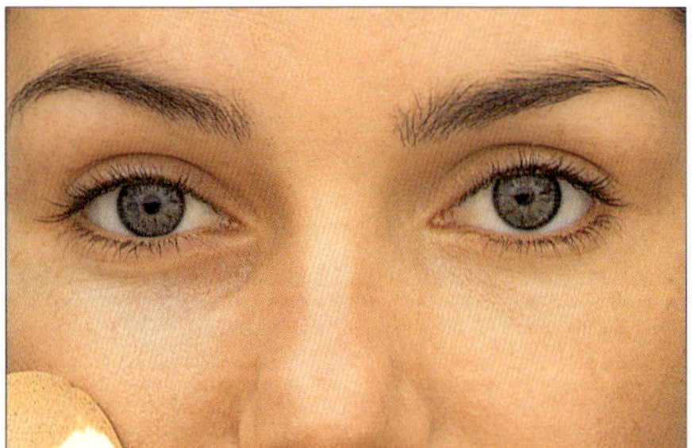

3 Tragen Sie wie gewöhnlich die Flüssiggrundierung auf (siehe Seite 76–77), und achten Sie darauf, daß das Grün nicht durchscheint.

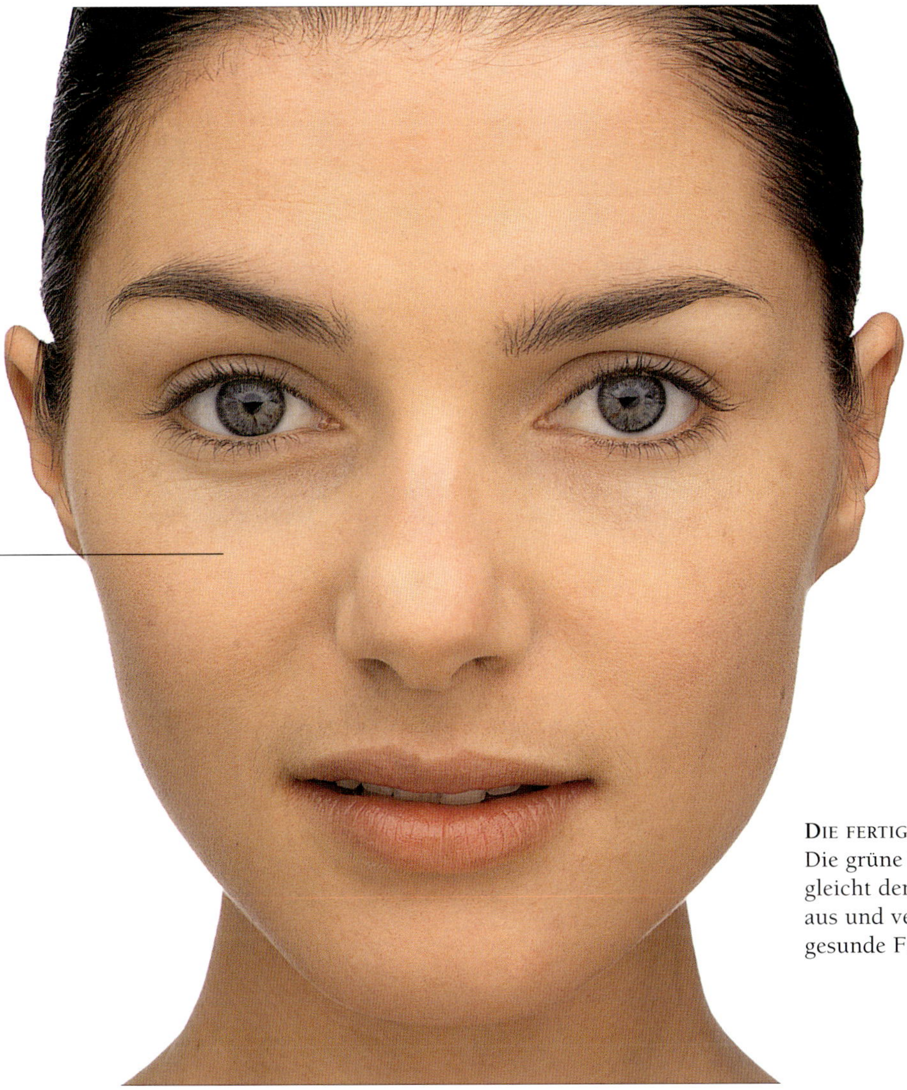

Rötungen und geplatzte Äderchen wurden korrigiert und abgedeckt.

DIE FERTIGE KORREKTUR Die grüne Korrekturfarbe gleicht den rötlichen Teint aus und verleiht ihm eine gesunde Frische.

AUGENRINGE ABDECKEN

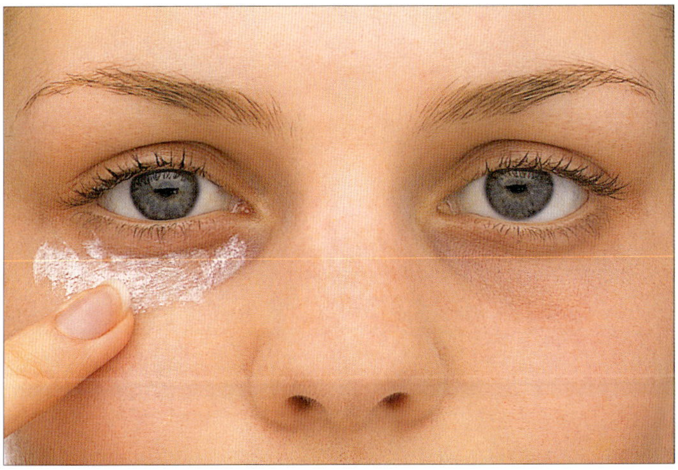

Etwas Korrekturfarbe auf die Handfläche geben und mit dem Mittelfinger sanft auf den dunklen Augenring tupfen. Dabei auf gleichmäßiges Auftragen achten.

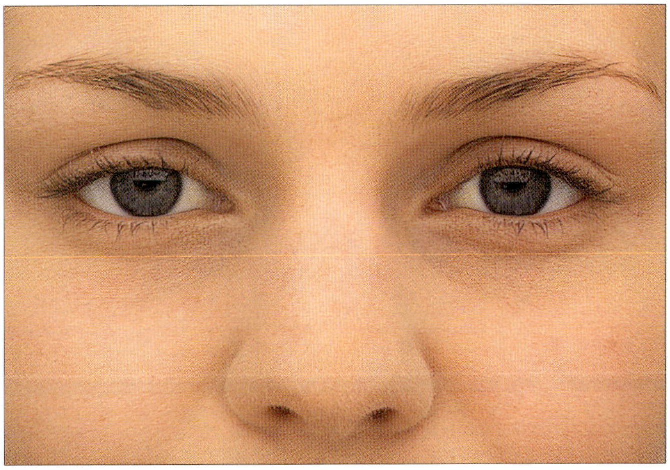

DIE FERTIGE KORREKTUR Über die Korrekturfarbe und auf den Rest des Gesichts wurde Flüssiggrundierung aufgetragen; die dunklen Ringe sind nicht mehr sichtbar.

Rouge auftragen

Ein leichter Hauch Rouge läßt Ihre Wangenknochen höher erscheinen. Rouge wird normalerweise auf die Grundierung gegeben, aber wenn Sie einen besonders reinen, klaren Teint haben, können Sie es auch direkt auf der Haut verteilen. Das Auftragen von Rouge ist nicht einfach, denn man muß die Übergänge geschickt verwischen. Wählen Sie die Farbe sorgfältig aus: Der richtige Farbton verleiht Ihnen ein strahlend frisches Aussehen.

Zubehör

1 Beim Auftragen ist es wichtig, nicht zuviel Rouge auf den Pinsel zu geben, denn das wirkt schnell plump und »angemalt«. Um das zu vermeiden, den Pinsel leicht am Handrücken ausklopfen, damit überschüssiger Puder herunterfällt.

Das Rouge entlang den Wangenknochen nach oben auftragen und Übergänge gut verwischen.

2 Rouge mit aufwärts gerichteten Streichbewegungen tropfenförmig auf die Wangenknochen auftragen; die Spitze des Tropfens zeigt in Richtung Ohren, das breite Ende in Richtung Nase. Die Übergänge zur Grundierung und zu den Haaransätzen gut verwischen, ohne daß Farbpartikelchen in die Haare geraten.

3 Haben Sie zuviel Rouge aufgetragen, geben Sie etwas transparenten Puder darüber (siehe Seite 77), um die Farbe zu mildern. Ist das ganze Make-up fertig, prüfen Sie, ob das Rouge ausreicht. Nötigenfalls noch etwas hinzufügen.

Tips

- *Um mädchenhafter zu wirken, tragen Sie das Puder- oder Cremerouge kreisförmig auf die Wangenknochen auf (siehe oben) und verwischen die Übergänge geschickt.*

- *Cremerouge wirkt unter Umständen natürlicher und läßt sich besonders auf Flüssiggrundierung leichter verteilen. Etwas Cremerouge auf die Fingerspitzen und in Tropfenform auf die Wangen geben. Übergänge kreisend verwischen.*

DAS FERTIGE ROUGE Mit dem Rouge wurde die Gesichtsform betont; die Wangenknochen erscheinen höher. Die Lippen sind mit einer zarten Farbe Ton in Ton geschminkt.

SCHATTIEREN UND AUFHELLEN

Ganz unabhängig von Ihrer Gesichtsform können Sie durch geschicktes Schattieren und Aufhellen (Highlighten) Ihre Pluspunkte betonen und Schwachstellen kaschieren. Wollen Sie eine Partie hervorheben, tragen Sie eine hellere Grundierung auf; eine dunklere Grundierung läßt die Partie hingegen in den Hintergrund treten. Hohe Wangenknochen sollten durch Highlighten betont, großflächige Wangen hingegen durch dunkle Grundierung abschattiert werden.

ZUBEHÖR

Dunklerer Ton Basisgrundierung Hellerer Ton Schwamm

WEITERE UTENSILIEN
Haarband oder -tuch

1 △ Binden Sie mit einem Band oder Tuch Ihr Haar aus dem Gesicht. Dann betrachten Sie Ihr Gesicht von vorn und im Profil. Streichen Sie mit den Fingerspitzen um die Augenhöhlen, über Nase, Wangen und Kinn, und finden Sie die Struktur Ihres Gesichts heraus.

2 ▷ Wenn Sie wissen, welche Partien betont bzw. kaschiert werden sollen, wählen Sie eine Kompaktgrundierung, die Ihrem natürlichen Hautton am Kieferknochen entspricht.

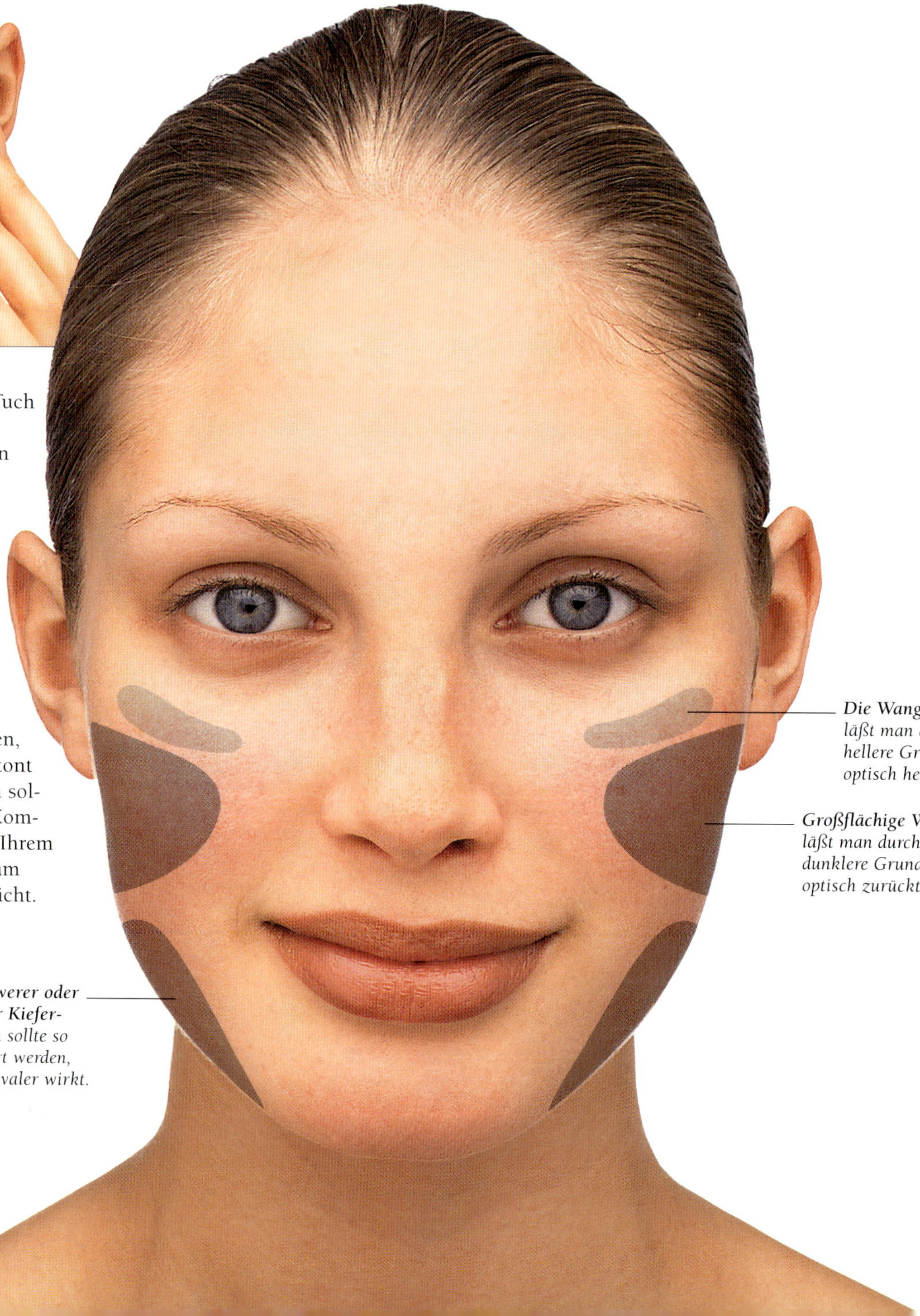

Die Wangenknochen *läßt man durch eine hellere Grundierung optisch hervortreten.*

Großflächige Wangen *läßt man durch eine dunklere Grundierung optisch zurücktreten.*

Ein schwerer oder kantiger Kieferknochen *sollte so schattiert werden, daß er ovaler wirkt.*

3 Die Partien, die optisch zurücktreten sollen, wie etwa ein schwerer Kieferknochen, werden eine Idee dunkler grundiert.

4 Die Partien, die optisch hervortreten sollen, wie etwa die Wangenknochen, werden eine Idee heller grundiert.

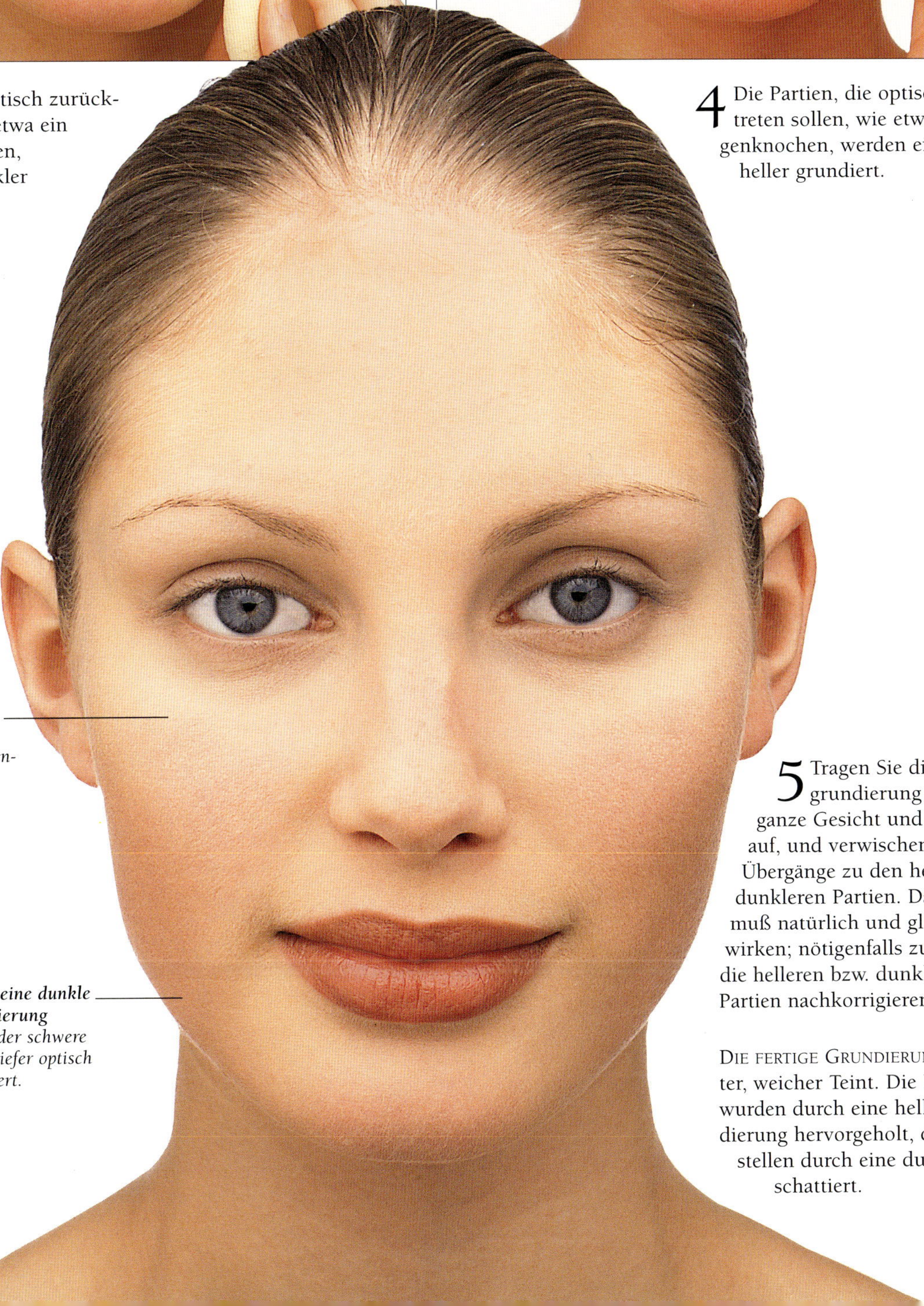

Durch eine helle Grundierung *wurden die Wangenknochen optisch »höhergelegt«.*

Durch eine dunkle Grundierung *wurde der schwere Unterkiefer optisch gemildert.*

5 Tragen Sie die Basisgrundierung auf das ganze Gesicht und den Hals auf, und verwischen Sie die Übergänge zu den helleren bzw. dunkleren Partien. Das Make-up muß natürlich und gleichmäßig wirken; nötigenfalls zum Schluß die helleren bzw. dunkleren Partien nachkorrigieren.

DIE FERTIGE GRUNDIERUNG Ein zarter, weicher Teint. Die Pluspunkte wurden durch eine hellere Grundierung hervorgeholt, die Schwachstellen durch eine dunklere abschattiert.

Die Gesichtsform korrigieren

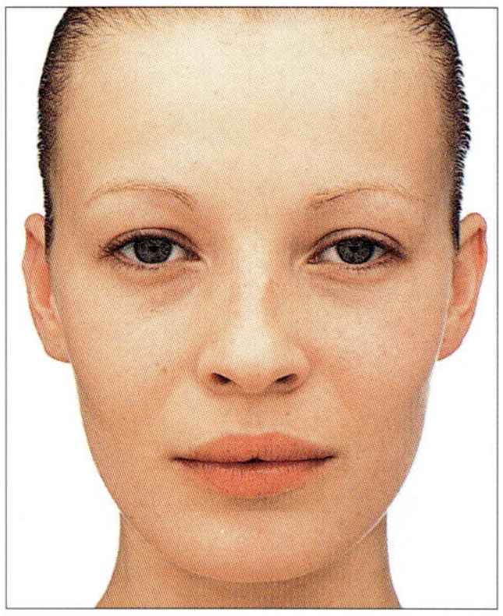

LANG Um das Gesicht zu verkürzen, grundiert man die Stirnansätze dunkler; in den Haaransatz verlaufen lassen. Den Unterkiefer und die Partie unterhalb des Wangenknochens dunkler, oberhalb heller schattieren, dann Basisgrundierung auftragen und Übergänge gut verlaufen lassen. Dunklere und hellere Grundierung nötigenfalls verstärken. Rouge entlang den Wangenknochen auftragen.

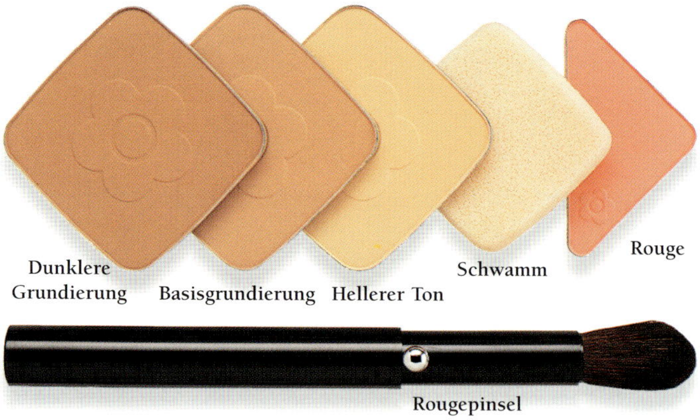

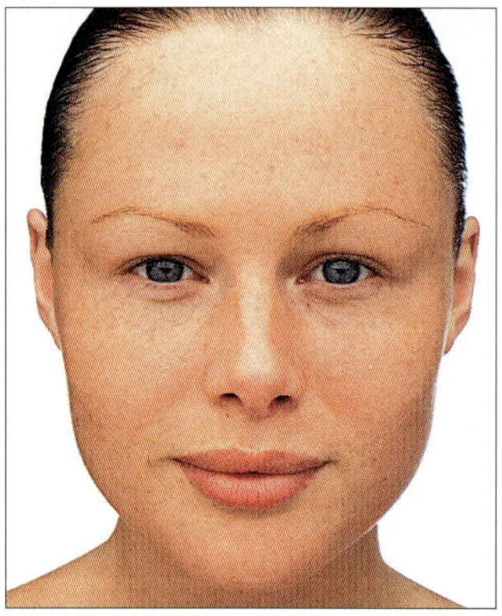

ECKIG Ein eckiges Gesicht wirkt durch dunkler grundierte Kieferpartien dreieckig. Außerdem beide Seiten der Stirn dunkler grundieren, damit die obere Gesichtshälfte schmaler erscheint. Oberhalb der Wangenknochen heller schattieren, dann Basisgrundierung auftragen und Übergänge gut verlaufen lassen. Dunklere und hellere Grundierung nötigenfalls verstärken. Rouge entlang den Wangenknochen auftragen.

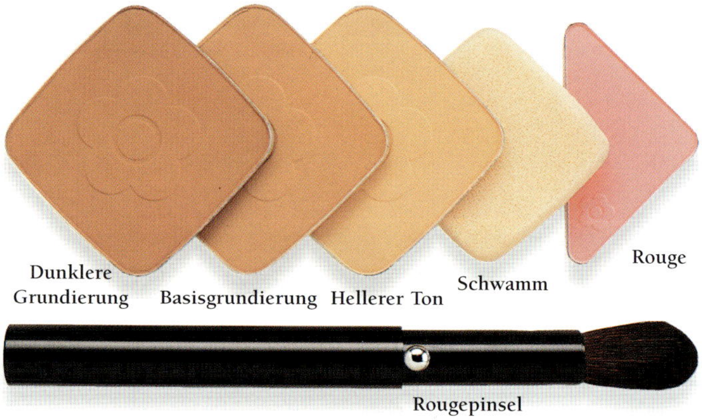

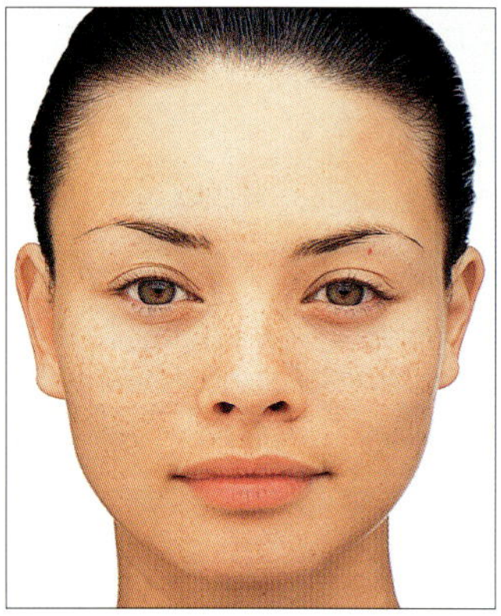

RUND Um ein rundes Gesicht schmaler wirken zu lassen, grundiert man die Partie unterhalb der Wangenknochen dunkler. Bis zum Haaransatz verlaufen lassen. Oberhalb der Wangenknochen und die Kinnspitze heller grundieren. Dann Basisgrundierung auftragen und Übergänge gut verlaufen lassen. Dunklere und hellere Grundierung nötigenfalls verstärken. Rouge entlang den Wangenknochen auftragen.

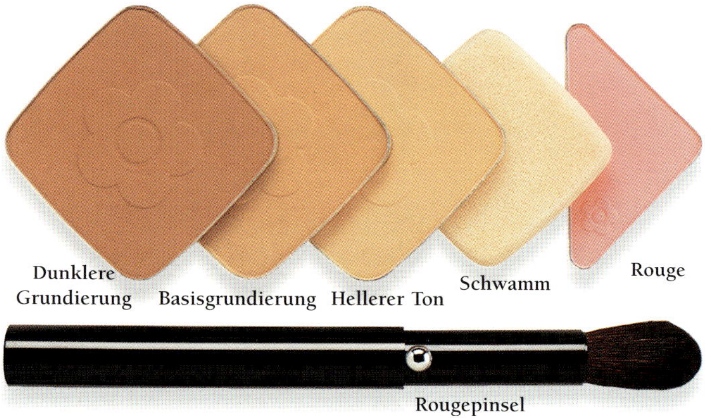

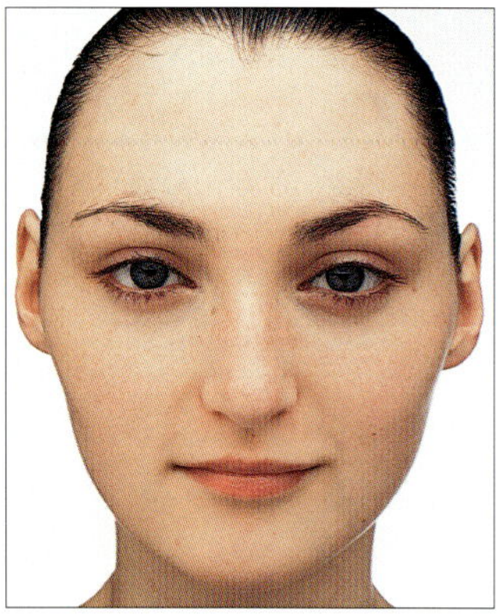

HERZFÖRMIG Um ein herzförmiges Gesicht gleichmäßiger wirken zu lassen, grundiert man beide Seiten der Stirn und die Kinnspitze dunkler. Oberhalb der Wangenknochen heller schattieren, dann Basisgrundierung auftragen und Übergänge gut verlaufen lassen. Dunklere und hellere Grundierung nötigenfalls verstärken. Rouge entlang den Wangenknochen auftragen und bis zu den Schläfen verlaufen lassen.

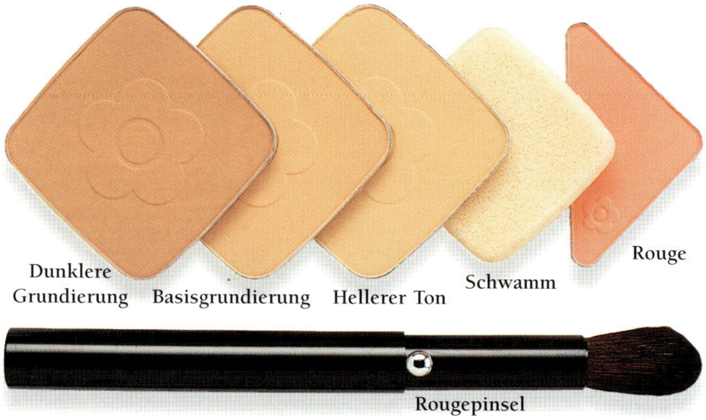

SCHMINKTECHNIK — EFFEKT

Stirnansätze abschattieren

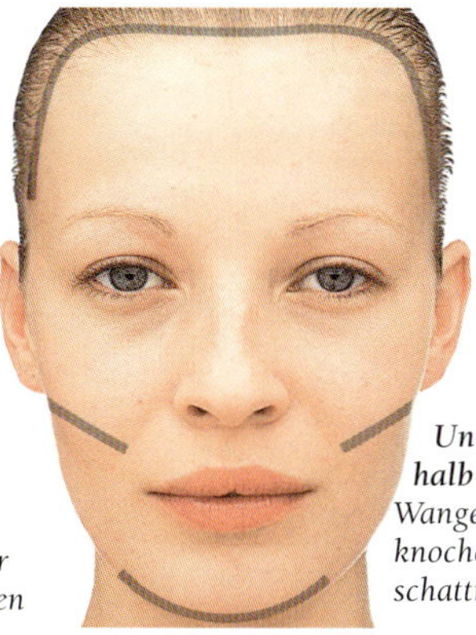

***Unterkiefer** abschattieren*

***Unterhalb** der Wangenknochen abschattieren*

***Oberhalb** der Wangenknochen aufhellen*

***Rouge** auf die Wangenknochen geben, aber nicht zu tief*

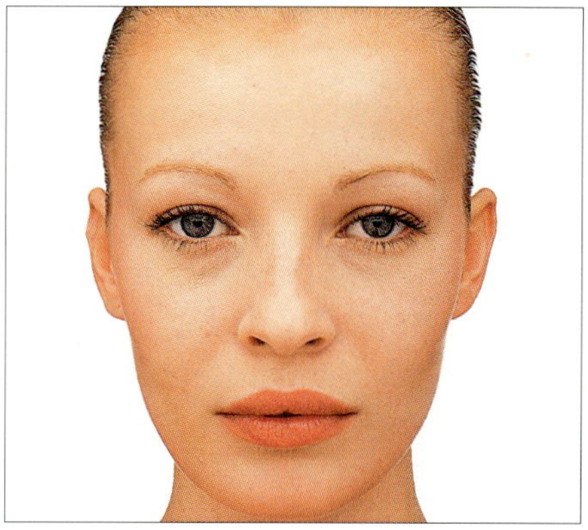

***Stirnseiten** abschattieren*

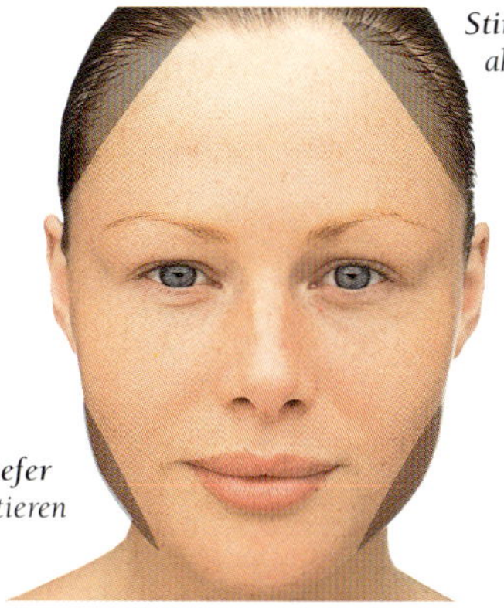

***Unterkiefer** abschattieren*

***Oberhalb** der Wangenknochen aufhellen*

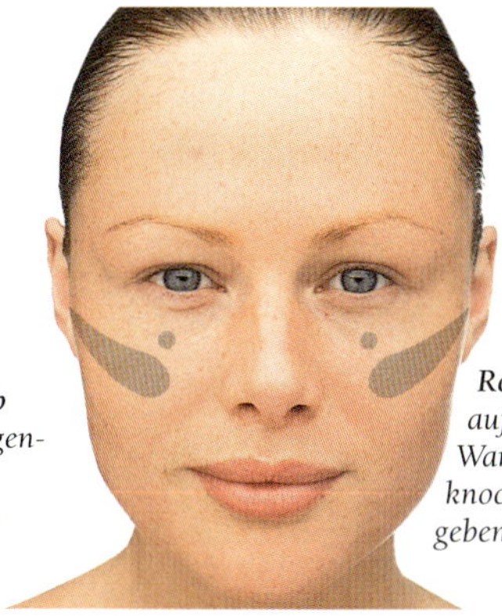

***Rouge** auf die Wangenknochen geben*

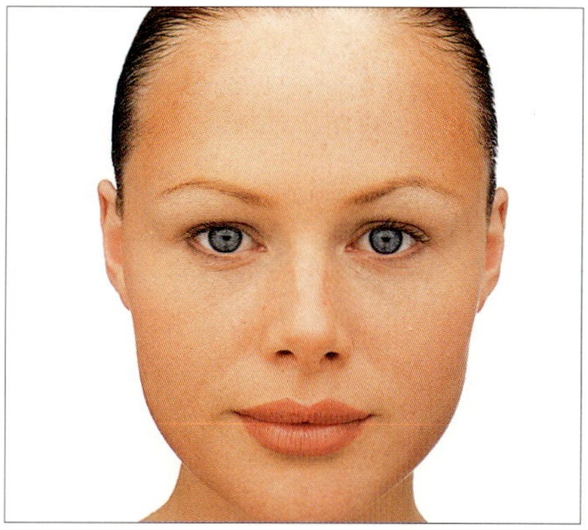

***Unterhalb** der Wangenknochen abschattieren*

***Oberhalb** der Wangenknochen und Kinnspitze aufhellen*

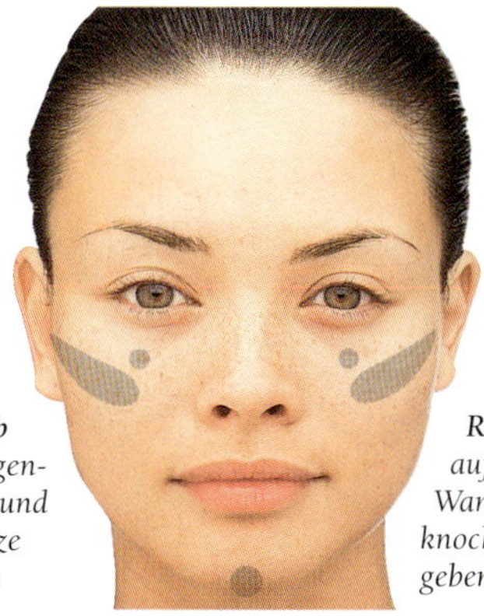

***Rouge** auf die Wangenknochen geben*

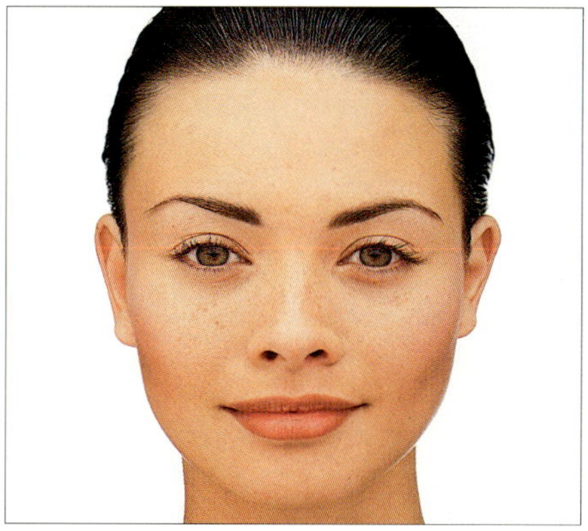

***Stirnseiten** abschattieren*

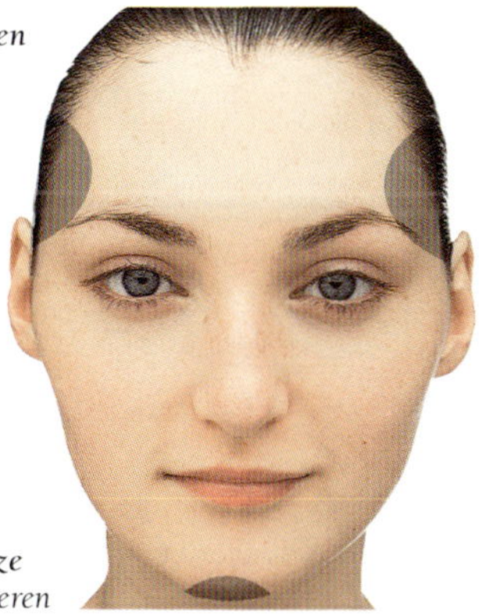

***Kinnspitze** abschattieren*

***Oberhalb** der Wangenknochen aufhellen*

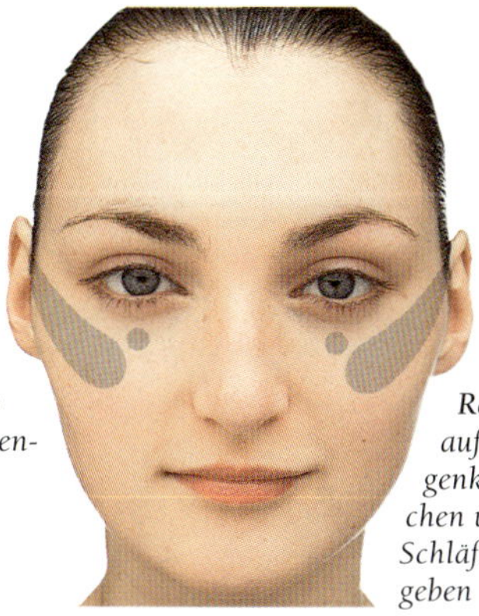

***Rouge** auf Wangenknochen und Schläfen geben*

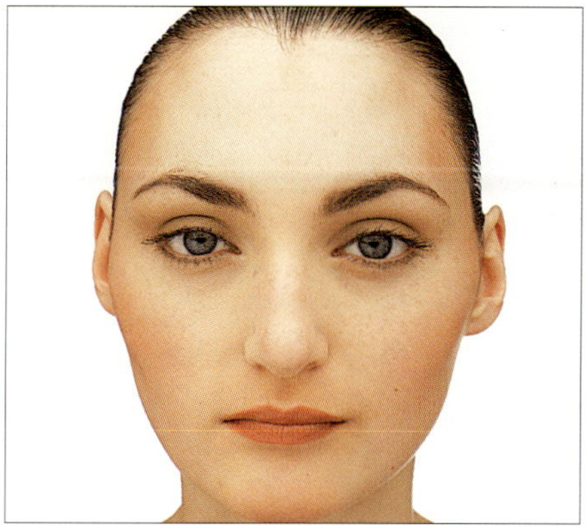

Lidschatten auftragen

Ob dunkel und dramatisch, hell und schimmernd oder frostig und frisch – mit Lidschatten kann man eine Vielzahl von Effekten erzielen (siehe auch Seite 8–25). Als allgemeine Regel gilt, vier verschiedene Lidschattenfarben zu verwenden: eine neutrale Basis, eine Hauptfarbe, einen dunkleren Ton zum Schattieren und einen helleren zum Aufhellen (Highlighten). Man sollte in jedem Fall mit einem Vergrößerungsspiegel arbeiten und unterschiedlich dicke Pinsel oder Applikatoren mit Schwammspitze bereithalten, um die Farben gut ineinander verlaufen zu lassen und harte Übergänge zu vermeiden.

Zubehör

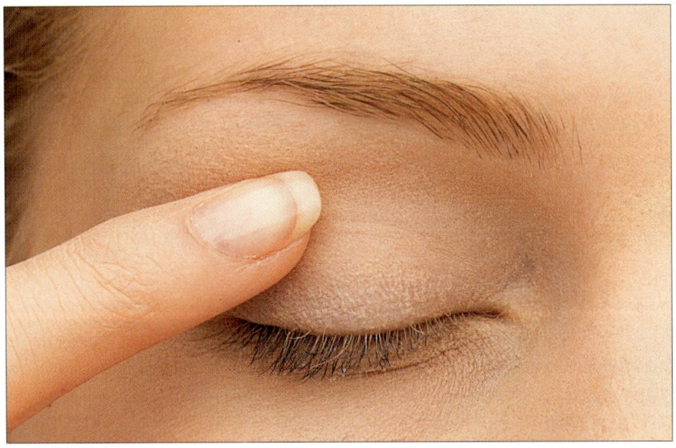

1 Den Augenbereich vom oberen Wimpernansatz bis zu den Brauen mit spezieller Augengrundierung abdecken. Die Grundierung sanft mit den Fingerspitzen einmassieren und trocknen lassen.

2 Mit dem dicken Pinsel die neutrale Basis im ganzen Augenbereich auftragen; dabei vom oberen Wimpernansatz bis zum Brauenbogen arbeiten und leicht über den äußeren Augenwinkel hinausgehen.

3 Mit dem mittleren Pinsel tragen Sie die Hauptfarbe auf das Lid bis zur Lidfalte auf; gehen Sie von innen nach außen vor, und verteilen Sie die Farbe ganz gleichmäßig.

4 Mit dem feinen, spitzen Pinsel tragen Sie mit der dunkleren Farbe einen dünnen Puderstrich in der Lidfalte auf; gehen Sie dabei von innen nach außen vor.

5 Um die Wirkung zu verstärken, mit dem Lidschatten über die Lidfalte hinausgehen; um einen sanfteren Effekt zu erzielen, den Puderstrich mit dickem Pinsel oder einem Wattestäbchen verwischen.

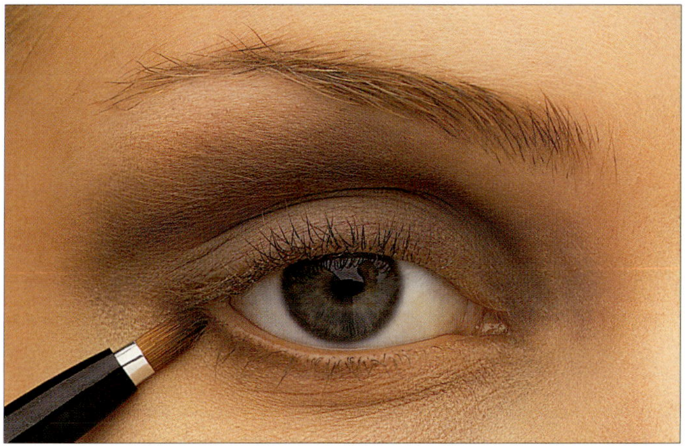

6 Die dunklere Lidschattenfarbe mit dem feinen Pinsel in einer Linie von der Mitte des unteren Augenlids zum äußeren Augenwinkel auftragen.

7 Lidschattenreste aus dem feinen Pinsel klopfen, um dann damit den helleren Perl-Lidschatten unter den Brauenbogen aufzutragen, ohne die Farbe in die Augenbrauen kommen zu lassen.

Das geschminkte Auge Verstärken Sie den Ausdruck durch Mascara (siehe Seite 90–91).

FLÜSSIGEN EYELINER AUFTRAGEN

Das Auftragen eines flüssigen Eyeliners ist der schwierigste Teil des Augen-Make-ups, weil man dazu eine sehr ruhige Hand braucht, aber die Wirkung ist enorm. Der Lidstrich kann vor oder nach dem Auftragen des Lidschattens gezogen werden; zieht man ihn davor, kann man mit dem Lidschatten eventuelle Mißgeschicke eher kaschieren.

ZUBEHÖR

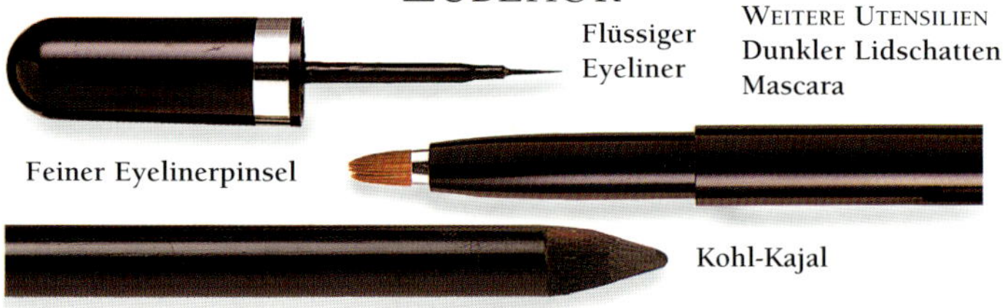

WEITERE UTENSILIEN
Dunkler Lidschatten
Mascara

1 Lid leicht spannen, den Pinsel am inneren Augenwinkel aufsetzen und entlang des Wimpernansatzes nach außen fahren. Eyeliner 10 Sekunden trocknen lassen und die Linie ein zweites Mal nachziehen.

2 Soll der Lidstrich weicher wirken, fährt man ihn mit einem feinen, spitzen Pinsel und dunklem Lidschatten nach. Dabei aber nicht zu fest aufdrücken, sonst verwischt der Eyelinerstrich zu sehr.

3 Am Unterlid wirkt der flüssige Eyeliner meist zu hart; statt dessen den inneren unteren Lidrand direkt am inneren Augenwinkel beginnend mit dunklem Lidschatten (siehe Seite 87) oder einem Kohl-Kajalstift nachziehen.

DAS GESCHMINKTE AUGE Das Oberlid wurde mit flüssigem Eyeliner betont, während der schwarze Kohl-Kajal am unteren Lidrand dem Blick Tiefe und Intensität verleiht. Eine dünne Schicht Wimperntusche rundet das Augen-Make-up ab.

FALSCHE WIMPERN ANBRINGEN

Bei außergewöhnlichen Gelegenheiten kann man mit falschen Wimpern einen ganz besonderen Effekt erzielen. Sie werden nach Lidschatten und Eyeliner angebracht – es ist gar nicht so schwierig, wie es zunächst scheint. Zum Entfernen faßt man die Wimpern am äußeren Zipfel und zieht sie vorsichtig mit einem schnellen Ruck ab.

ZUBEHÖR

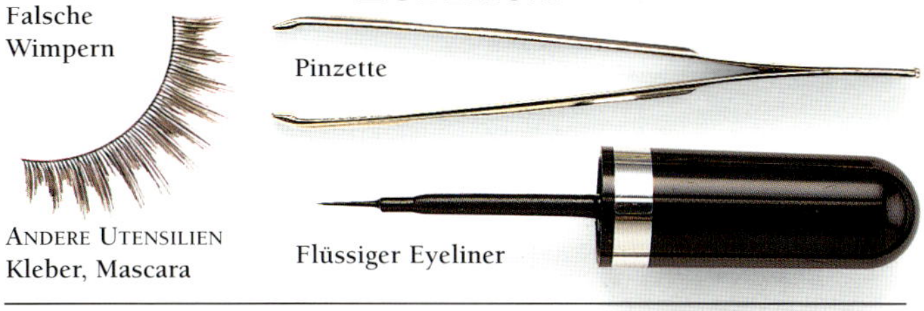

1 Die falschen Wimpern mit sauberer Pinzette fassen. Mit der anderen Hand ein wenig Kleber (wird normalerweise im Set mit den Wimpern verkauft) auf den Rand geben. Etwa 30 Sekunden warten, bis der Kleber leicht angetrocknet ist.

2 Die Kante der falschen Wimpern so dicht wie möglich an den eigenen Wimpernansatz bringen und ganz ruhig bleiben. Achten Sie darauf, daß die Wimpern sowohl an beiden Enden als auch in der Lidmitte fest haften.

3 Auge 30 Sekunden geschlossen halten, dann mit flüssigem Eyeliner zum sauberen Abschluß einen Lidstrich ziehen.

DIE FERTIGEN WIMPERN Die getuschten falschen Wimpern geben dem Auge eine dramatische, glamouröse Wirkung.

DIE WIMPERN TUSCHEN

Wie viele Schichten Wimperntusche Sie auftragen und ob Sie auch die Wimpern am unteren Lidrand tuschen, hängt ganz vom Make-up-Stil und der gewünschten Wirkung ab (siehe Seite 8–25). Tuschen Sie Ihre Wimpern jedoch mehr als einmal, müssen Sie die vorige Schicht gut trocknen lassen, bevor Sie die nächste auftragen. Tuschen Sie immer auch die inneren oberen Wimpern.

ZUBEHÖR

Wimpernkamm oder altes Mascarabürstchen

Mascara

WEITERE UTENSILIEN
- Wimpernzange
- Kosmetiktuch
- Vergrößerungsspiegel
- Wattestäbchen
- Augen-make-up-Entferner

1 Sind Ihre Wimpern ganz gerade, biegen Sie sie mit der Wimpernzange in Form – so wirkt das Auge größer. Drücken Sie aber nicht zu fest zu, denn sonst entsteht ein unschöner Knick. Öffnen Sie die Zange vollständig, bevor Sie sie vom Auge nehmen.

2 Tuschen Sie die unteren Wimpern vor den oberen. Sie sollten immer nur ganz leicht getuscht werden; entfernen Sie vor dem Tuschen mit einem Kosmetiktuch überschüssige Mascara vom Bürstchen.

3 ▷ Halten Sie einen Vergrößerungsspiegel leicht oberhalb Ihres Gesichts, und positionieren Sie das Bürstchen vertikal vor sich. Tuschen Sie so vom inneren Augenwinkel nach außen die unteren Wimpern.

4 Schauen Sie nun leicht abwärts in den Spiegel, und tuschen Sie die oberen Wimpern von der Wurzel bis zur Spitze. Dann streichen Sie von unten diagonal über die Wimpern und zum Abschluß noch einmal gerade.

Durch Drehen *des Bürstchens die Wimperntusche in die Wimpernansätze einarbeiten.*

5 Verkleben die Wimpern oder klumpt die Wimperntusche, trennen Sie die Wimpern mit einem Wimpernkamm oder einem alten Mascarabürstchen.

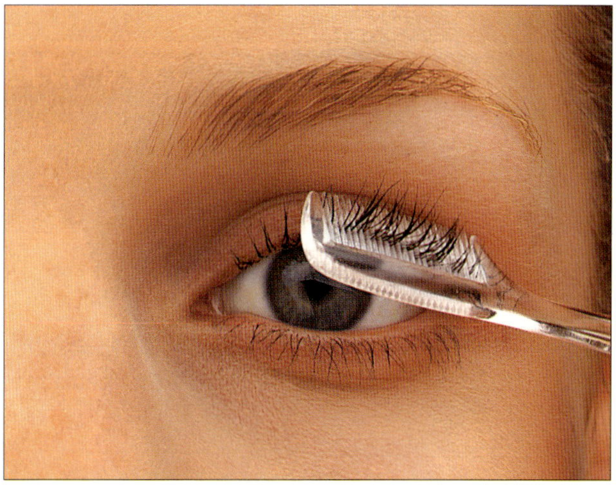

TIPS

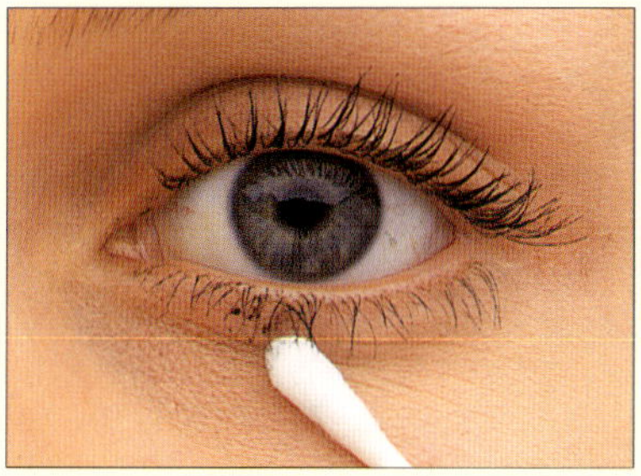

- *Verwischt die Tusche, tauchen Sie ein Wattestäbchen in fettfreien Augen-Make-up-Entferner und nehmen die unerwünschten Spuren wie oben gezeigt durch vorsichtiges Reiben ab.*
- *Das Mascarabürstchen von Zeit zu Zeit in Seifenwasser auswaschen, ausspülen und gut trocknen lassen.*

DIE GETUSCHTEN WIMPERN Das Auge wirkt durch die getuschten oberen und unteren Wimpern größer und ausdrucksvoller.

DIE AUGENBRAUEN BETONEN

Schön geschwungene Augenbrauen ziehen die Aufmerksamkeit auf die Augen und lassen sie größer erscheinen. Die »Augenbrauenmode« wechselt häufig, und so ist am sinnvollsten, einen natürlichen, gepflegten Stil zu entwickeln, wenn man keine besonders dramatische, akzentuierte Wirkung wünscht. Die Farbe der Brauen sollte zur Haarfarbe und zum Stil des Make-ups passen. Oft ist es vorteilhafter, eine hellere Nuance als die ursprünglich beabsichtigte zu wählen.

ZUBEHÖR

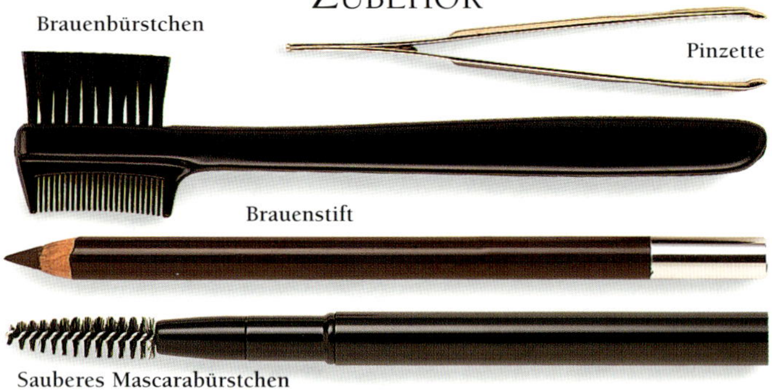

1 Nötigenfalls mit einer Pinzette einzelne Härchen auszupfen, die aus der Reihe tanzen. Nur Härchen unterhalb der Brauen entfernen; dabei mit einer schnellen Bewegung immer in Wuchsrichtung zupfen. Härchen für Härchen entfernen – lieber eins zuwenig als eins zuviel.

2 Bringen Sie die Brauen mit einem Bürstchen in Form; dabei nach oben und außen streichen, um der Braue Schwung und Betonung zu geben; das läßt den gesamten Augenbereich offener erscheinen.

3 ◁ Brauen mit einem Brauenstift in leichten, kleinen Bewegungen nachstricheln, um eventuelle Lücken zu schließen. Das äußere Ende der Braue leicht verlängern und den natürlichen Schwung der Braue betonen.

4 Braue nochmals von innen nach außen bürsten, damit sich der Brauenstift optisch mit den Härchen verbindet.

TIPS

- *Lidschatten anstelle des Brauenstifts wirkt weicher und natürlicher. Lidschatten mit feinem, spitzem Pinsel auftragen und anschließend bürsten.*
- *Audrey-Hepburn-Stil: Die Brauen kräftig nach oben bürsten und mit dunklem Lidschatten abtönen.*
- *Die Augenbrauen lassen sich am besten und einfachsten nach dem Baden oder Duschen zupfen.*

5 Um einzelne Härchen zu fixieren, ein wenig Haarspray auf ein altes, sauberes Mascarabürstchen sprühen und damit über die Braue streichen.

Die betonte Braue Der natürliche Schwung der Braue wurde leicht unterstrichen, um dem gesamten Augenbereich mehr Ausdruck zu verleihen.

DIE AUGEN SCHMINKEN

TIEFLIEGENDE AUGEN kaschiert man durch geschwungene Brauen, die man mit einem braunen Brauenstift betont. Über dem Auge goldenen und entlang der Lidfalte rostfarbenen Lidschatten auftragen. Gut verwischen. Oberen und unteren Lidrand mit rotbraunem Puderstrich betonen. Obere Wimpern leicht schwarz tuschen.

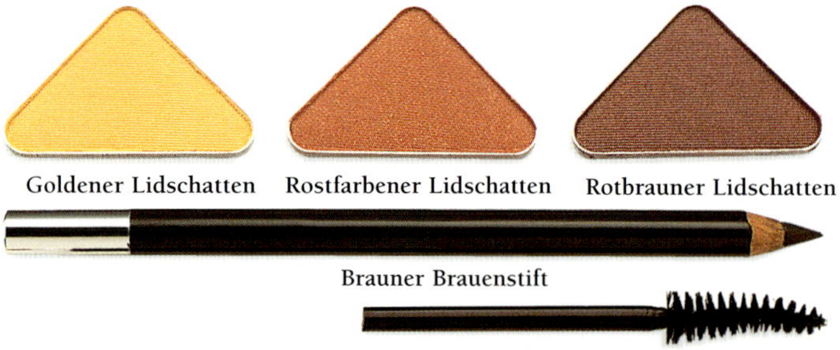

Goldener Lidschatten · Rostfarbener Lidschatten · Rotbrauner Lidschatten

Brauner Brauenstift

Schwarzer Mascara

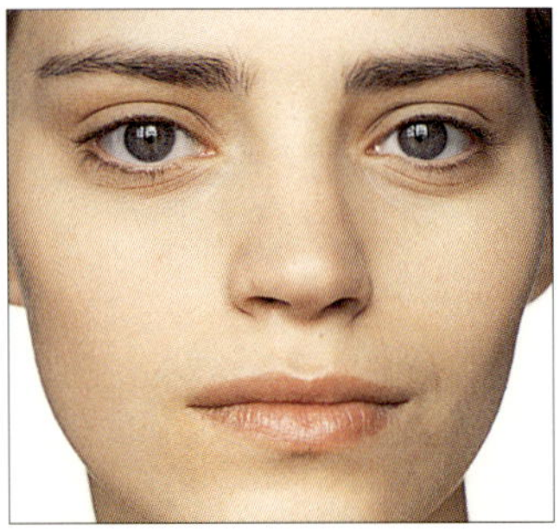

BUSCHIGE BRAUEN in Form bürsten, lila Lidschatten auftragen. In den inneren Augenwinkel weißen, in den äußeren Augenwinkel und aufs Unterlid violetten Lidschatten geben. Inneren unteren Lidrand mit schwarzem Kohl-Kajal, oberen Wimpernansatz mit schwarzem Eyeliner nachziehen. Obere Wimpern schwarz tuschen.

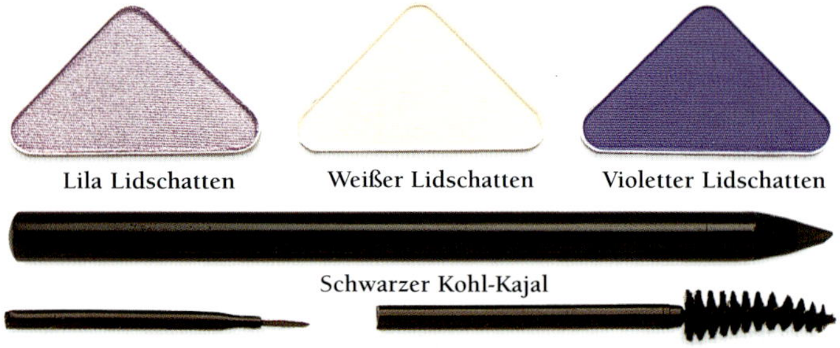

Lila Lidschatten · Weißer Lidschatten · Violetter Lidschatten

Schwarzer Kohl-Kajal

Schwarzer Flüssig-Eyeliner · Schwarzer Mascara

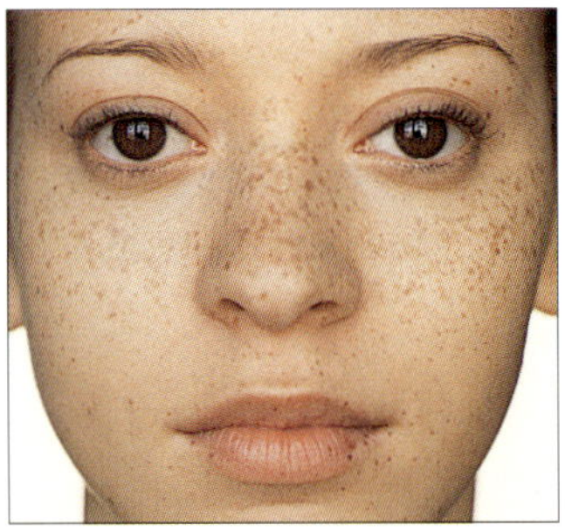

RUNDE AUGEN betont man durch braun nachgestrichelte Brauen und blaßgrünen Lidschatten über dem Auge und am unteren Lidrand. Auf das Lid außerdem dunkelgrünen und etwas schwarzen Lidschatten entlang der oberen Wimpern geben; schwarzen Lidstrich ziehen. Obere Wimpern schwarz tuschen.

Blaßgrüner Lidschatten · Dunkelgrüner Lidschatten · Schwarzer Lidschatten

Brauner Brauenstift

Schwarzer Flüssig-Eyeliner · Schwarzer Mascara

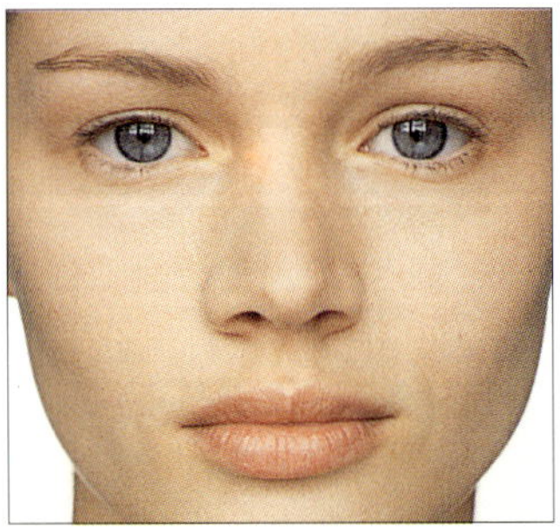

KLEINE AUGEN vergrößert man, indem man die Brauen braun nachstrichelt und blaßroséfarbenen Lidschatten aufträgt. Augen braun umranden, am Unterlid verwischen. Schwarzen Lidschatten aufs Oberlid geben, oberen Wimpernansatz schwarz linieren und mit schwarzem Lidschatten abtönen. Wimpern schwarz tuschen.

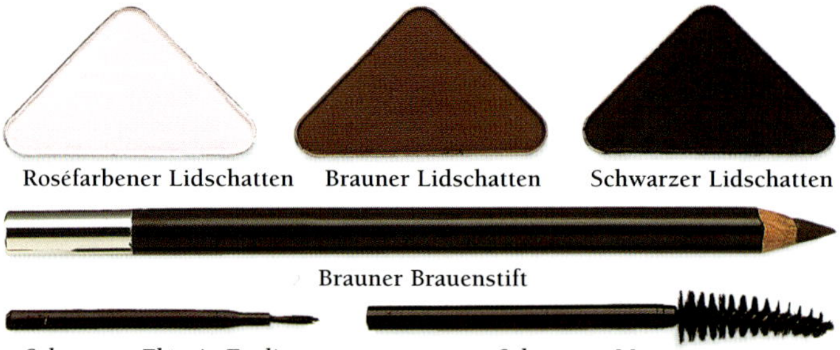

Roséfarbener Lidschatten · Brauner Lidschatten · Schwarzer Lidschatten

Brauner Brauenstift

Schwarzer Flüssig-Eyeliner · Schwarzer Mascara

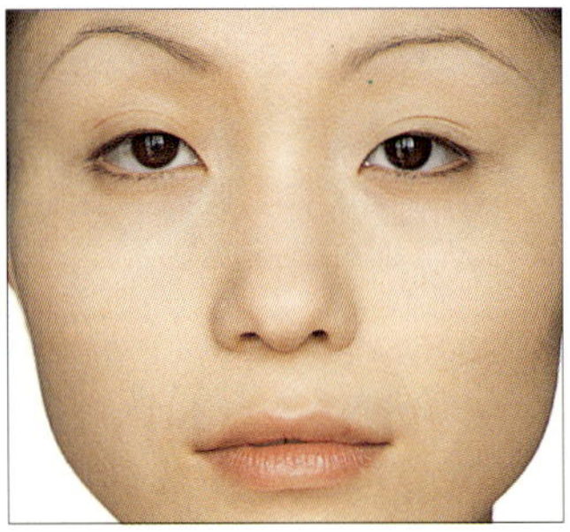

LÄNGLICHE AUGEN durch sanft geschwungene Brauen betonen; Lücken grau nachstricheln. Über dem Auge weißen Lidschatten auftragen; Lidfalte mit grauem Puderstrich nachziehen und entlang der Ober- und Unterlidwimpern bis zum äußeren Augenwinkel blauen Puderstrich ziehen. Ober- und Unterlidwimpern kobaltblau tuschen.

Weißer Lidschatten · Grauer Lidschatten · Blauer Lidschatten

Grauer Brauenstift

Kobaltblauer Mascara

Schminktechnik — Effekt

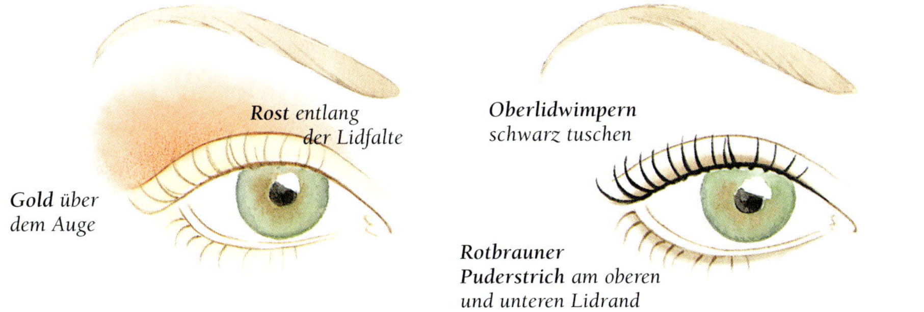

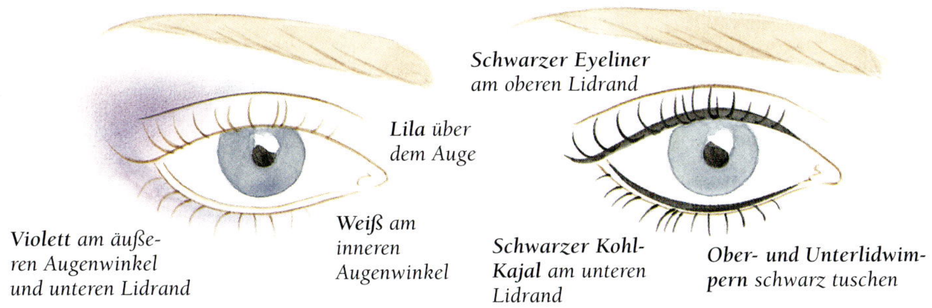

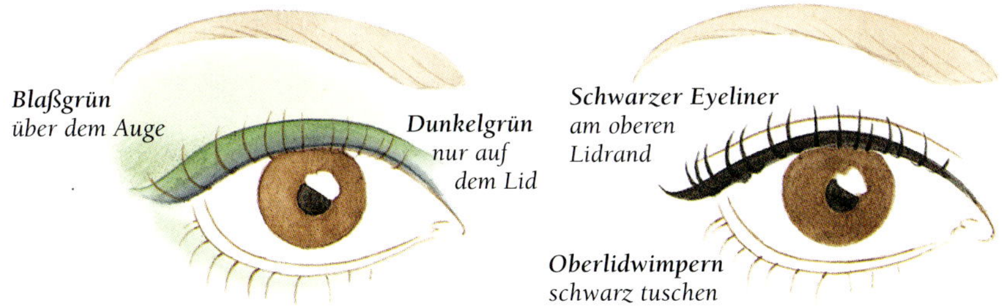

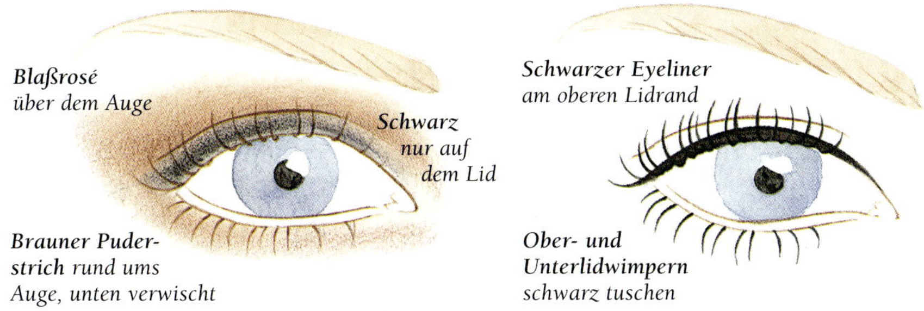

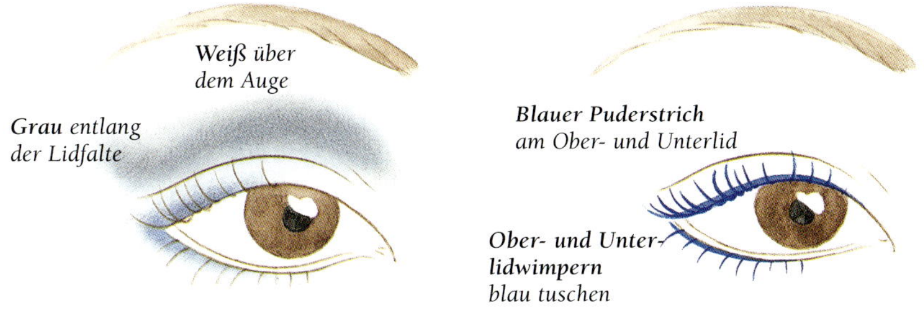

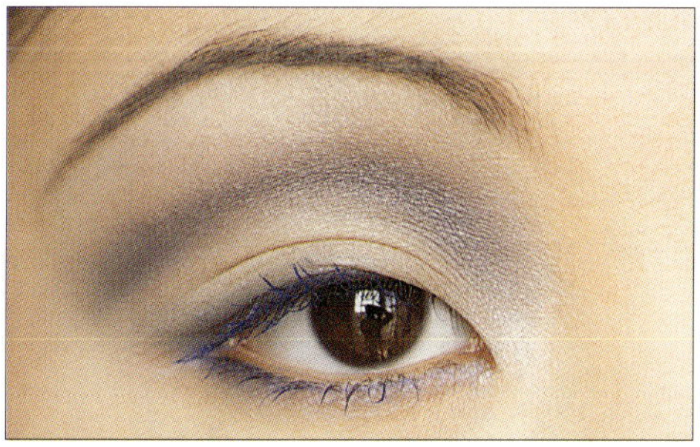

Konturen- und Lippenstift

Der Lippenstift soll die im Make-up verwendeten Farben verbinden und dem Gesicht Leben verleihen. Wird der Lippenstift aber ungeschickt aufgetragen, wirkt er unschön. Deshalb zieht man zuerst mit einem Konturenstift die Form der Lippen nach und trägt anschließend den Lippenstift mit einem Pinsel auf. Wie Sie Ihre Lippenform gekonnt zur Geltung bringen oder ein spezielle Schwachstelle kaschieren können, erfahren Sie auf Seite 98–99.

Zubehör

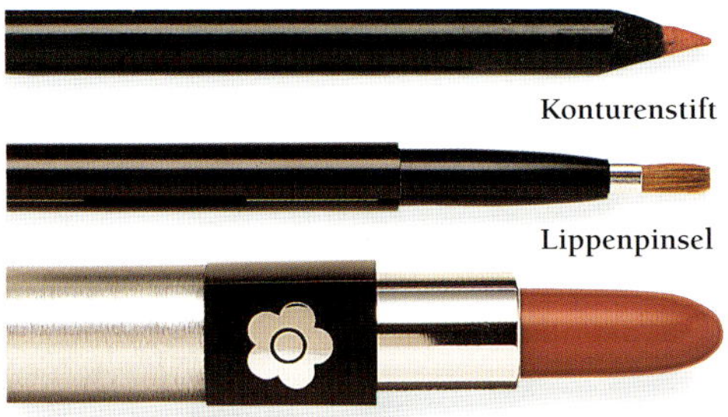

Konturenstift

Lippenpinsel

Lippenstift oder andere Lippenfarbe

Weitere Utensilien
Creme
Grundierung und Schwamm
Kosmetiktuch
Transparenter Puder
Puderpinsel
Lipgloss

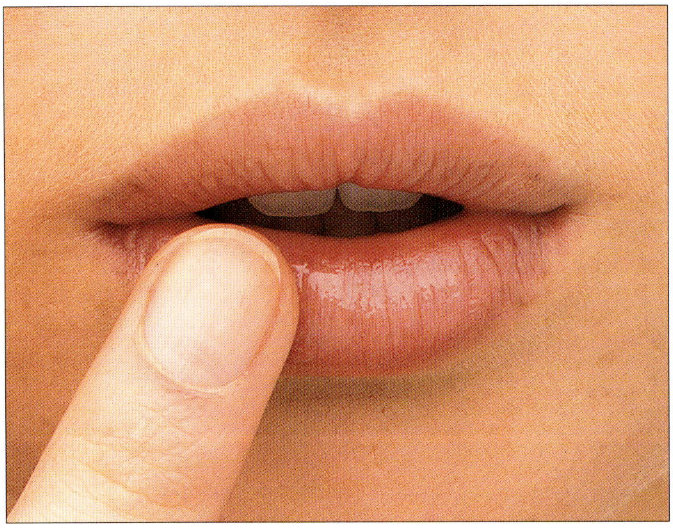

1 Machen Sie Ihre Lippen geschmeidig, indem Sie etwas Creme einmassieren. So läßt sich der Lippenstift besser auftragen.

2 Geben Sie ein wenig Ihrer Teintgrundierung auf die Lippen; dann wirkt die Farbe später gleichmäßiger.

3 Ziehen Sie die natürlichen Konturen Ihrer Lippen mit einem Konturenstift nach, der höchstens eine Nuance dunkler als der Lippenstift sein darf. Dies verhindert ein Verlaufen des Lippenstifts.

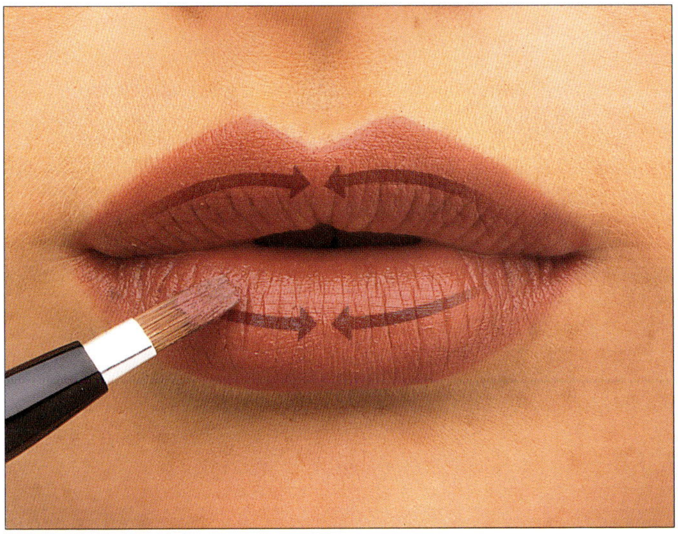

4 Tragen Sie den Lippenstift mit einem Lippenpinsel auf; so haben Sie mehr Kontrolle. Entspannen Sie dabei Ihren Mund, und tragen Sie den Lippenstift von den äußeren Mundwinkeln in Richtung Mitte auf.

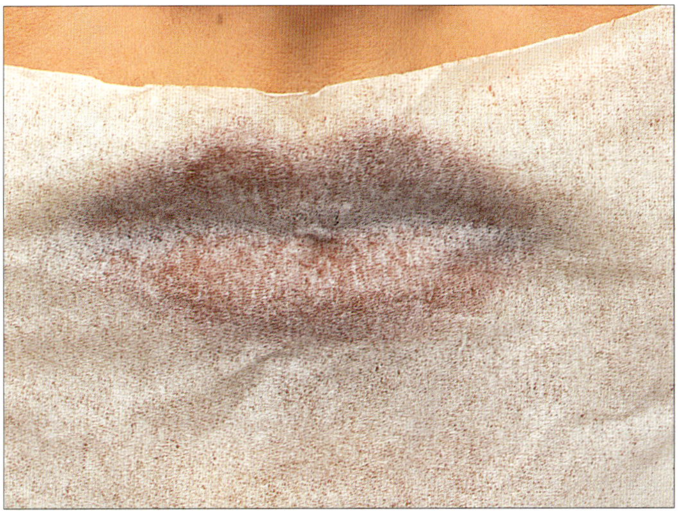

5 Tupfen Sie die Lippen vorsichtig mit einem Kosmetiktuch ab, ohne die Farbe zu verwischen oder zuviel zu entfernen. Dann noch eine Schicht auftragen.

6 Für einen matten Effekt mit einem Pinsel etwas transparenten Puder auf die Lippen geben, für einen glänzenden Effekt transparentes oder farbiges Lipgloss auftragen.

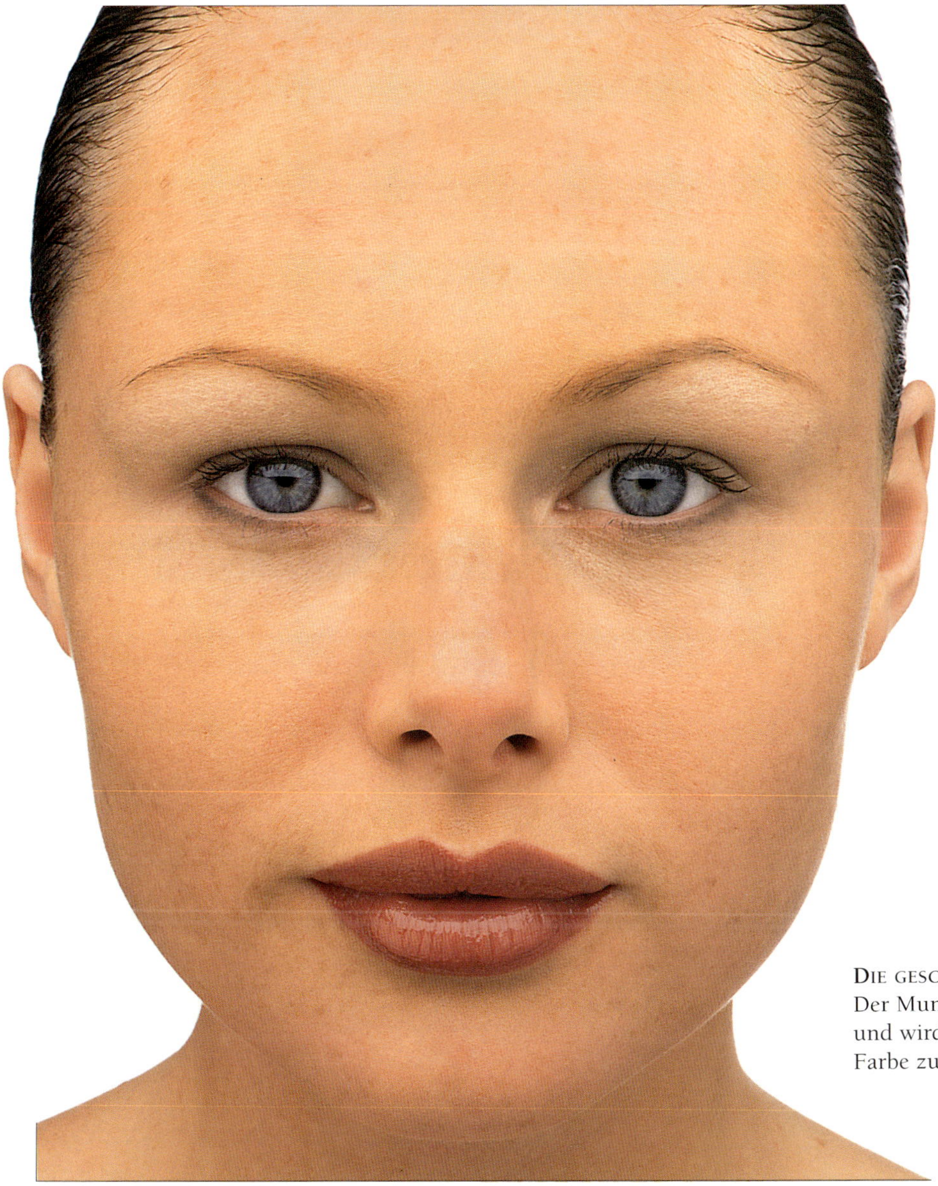

DIE GESCHMINKTEN LIPPEN
Der Mund ist ausdrucksvoll und wird durch die kräftige Farbe zum Leben erweckt.

TIPS

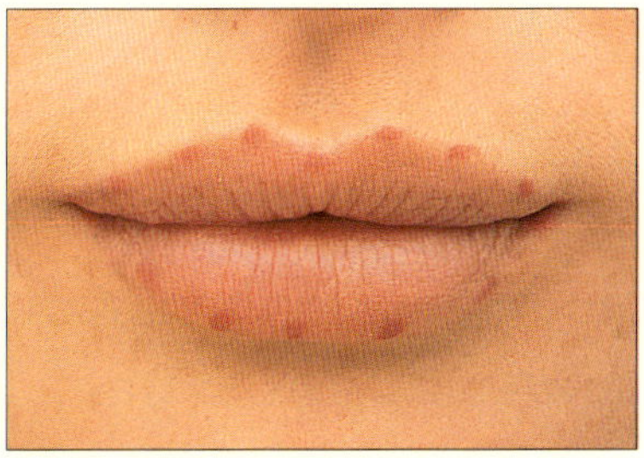

- *Wenn Ihnen das Nachziehen der Konturen schwerfällt, markieren Sie einzelne Punkte auf dem Lippenrand und verbinden Sie sie anschließend. Die Punkte sollten aber nicht zu groß sein.*
- *Damit sich der Lippenstift nicht auf Ihren Zähnen absetzt, stecken Sie einen Finger in den Mund und ziehen ihn langsam wieder heraus, um an der Innenseite der Lippen haftende Farbe zu entfernen.*
- *Konturenstifte lassen sich leichter anspitzen, wenn man sie etwa eine halbe Stunde zuvor ins Tiefkühlfach legt.*

DIE LIPPEN SCHMINKEN

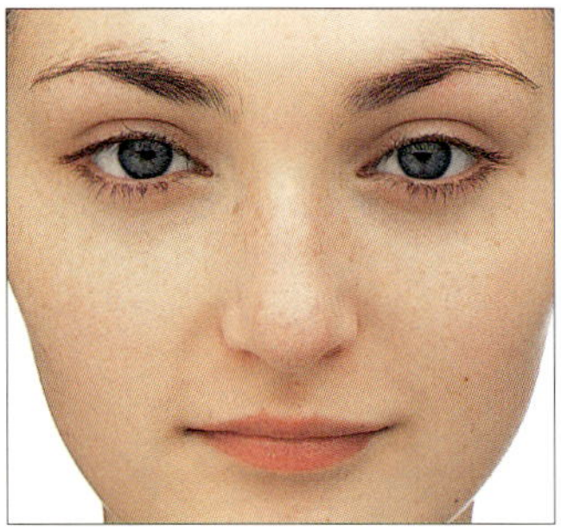

SCHMALE LIPPEN wirken voller, wenn man die Konturenlinie ganz leicht außerhalb des äußeren Lippenrands nachzieht. Den Innenraum mit Lippenstift ausfüllen. Vermeiden Sie matte Farben, die die Lippen noch schmaler wirken lassen können; mit leicht glänzenden Farben erscheinen die Lippen voller.

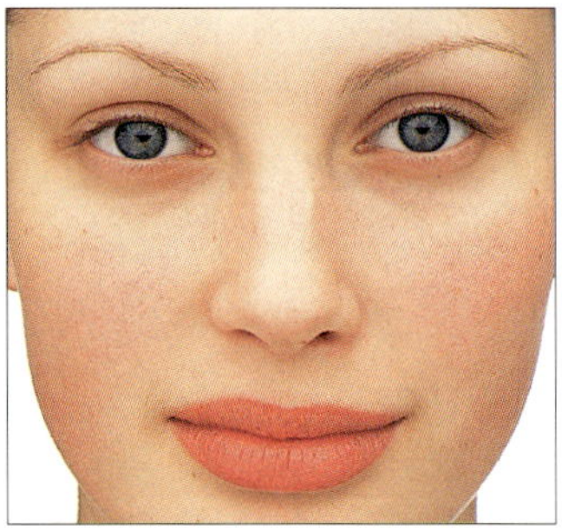

UNGLEICHMÄSSIGE OBERLIPPEN korrigiert man, indem man den kleineren Lippenbogen am äußeren Rand und den volleren Lippenbogen entlang der natürlichen Kontur nachzieht. Darauf achten, daß die Linie gleichmäßig ist, dann die Unterlippe nachziehen. Den Innenraum mit Lippenstift ausfüllen.

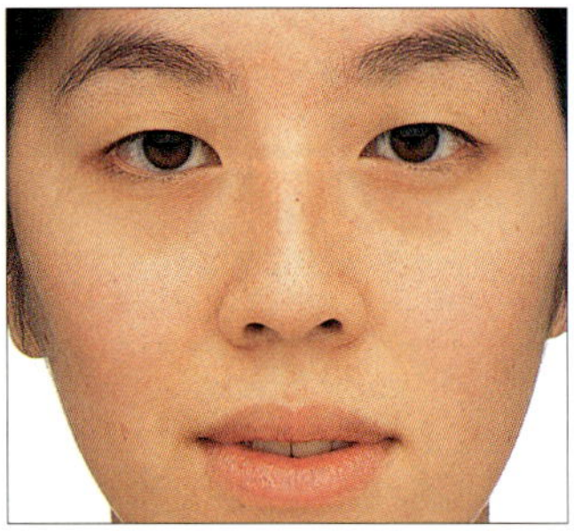

KONTURLOSE LIPPEN akzentuiert man, indem man die Oberlippe nachzieht und dabei das »M« zwischen den beiden Lippenbogen betont. Die Unterlippe eine Idee außerhalb der natürlichen Kontur nachziehen, um sie voller wirken zu lassen. Durch eine kräftige Farbe bekommen die Lippen mehr Betonung.

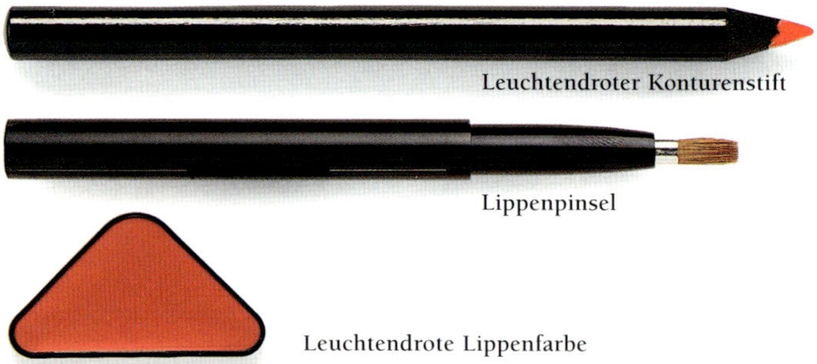

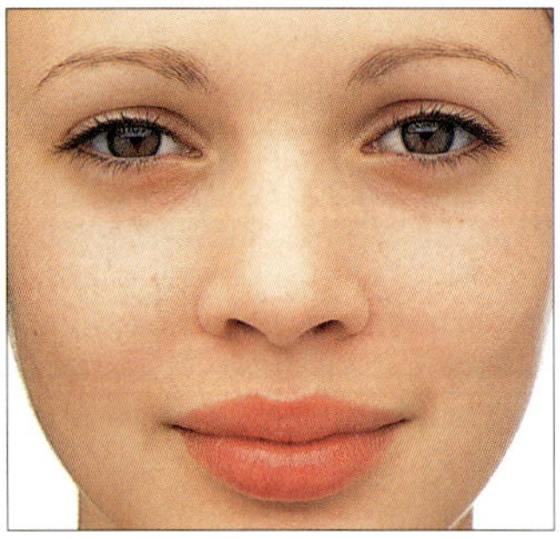

VOLLE LIPPEN erscheinen schmaler, wenn man etwas Grundierung aufträgt, um die Konturen zu kaschieren. Dann die Konturen direkt innerhalb des natürlichen Rands nachziehen und anschließend Lippenstift auftragen, ohne aber die Kontur zu übermalen. Perl-, Glanz- oder glossige Lippenstifte vermeiden.

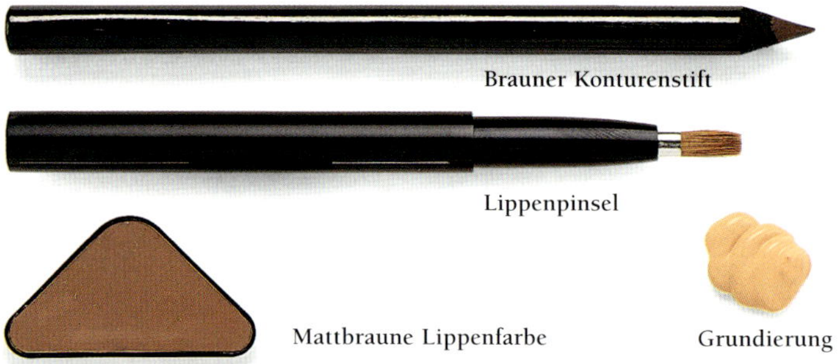

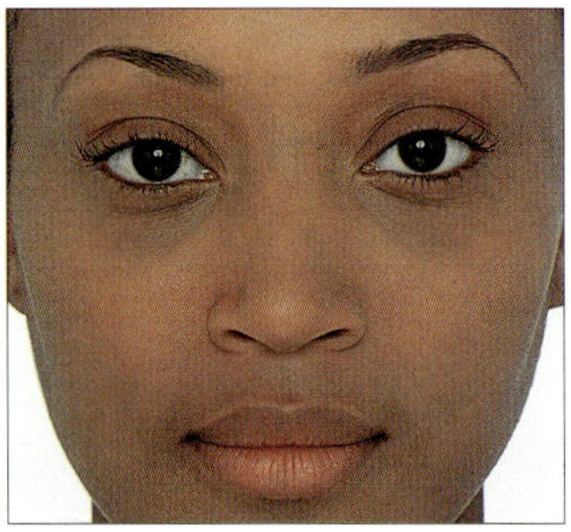

UNGLEICHMÄSSIGE FÄRBUNG gleicht man aus, indem man etwas Grundierung auf die Lippen gibt. Konturen nachziehen und anschließend einen dunkleren Ton auf die hellere und einen helleren Ton derselben Farbe auf die dunklere Lippe auftragen. Die Lippen leicht zusammenpressen, um die Farben anzugleichen.

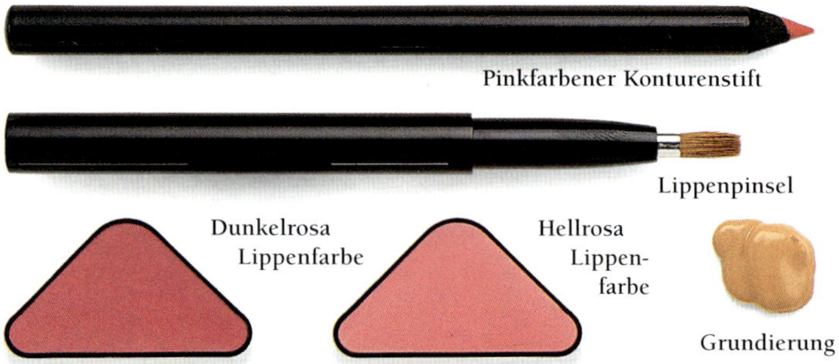

SCHMINKTECHNIK — EFFEKT

Lippen eine Idee außerhalb *der natürlichen Kontur nachzeichnen, um die Form zu betonen*

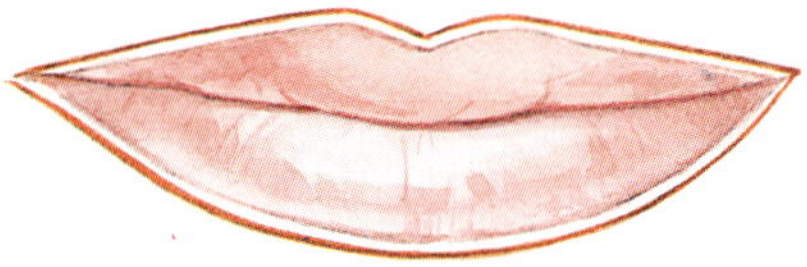

Leicht glänzenden *Lippenstift auftragen*

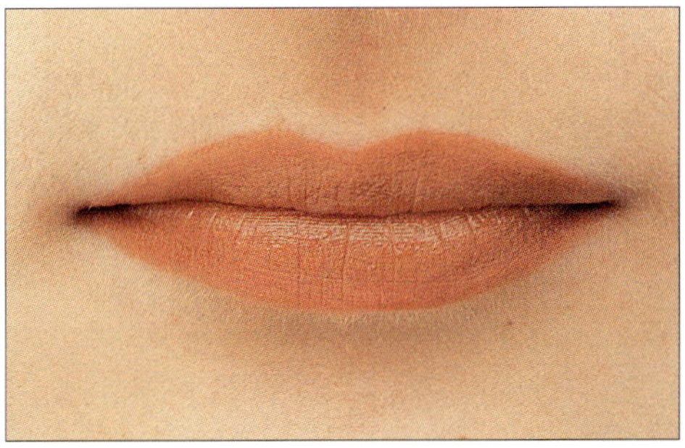

Die vollere Hälfte *entlang der natürlichen Kontur nachzeichnen*

Die schmalere Hälfte *etwas außerhalb der natürlichen Kontur nachzeichnen*

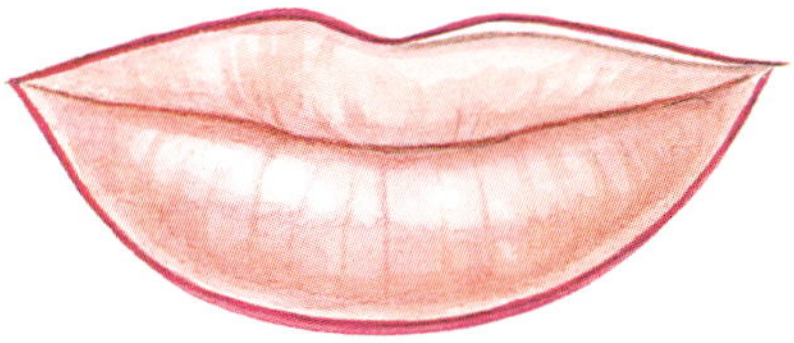

Die Unterlippe *nachziehen*

Farbe auftragen, *dabei die schmalere Hälfte mehr ausmalen als die andere*

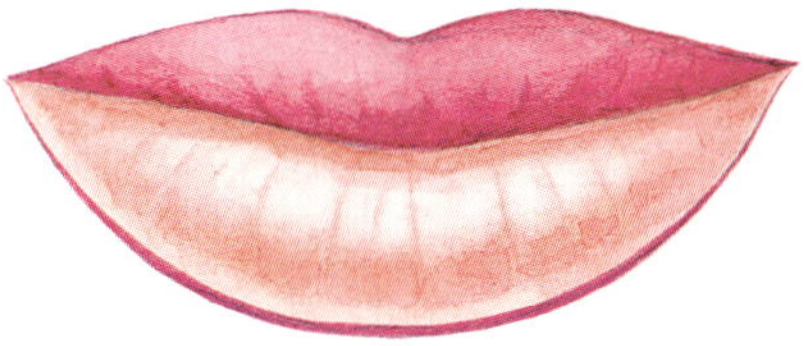

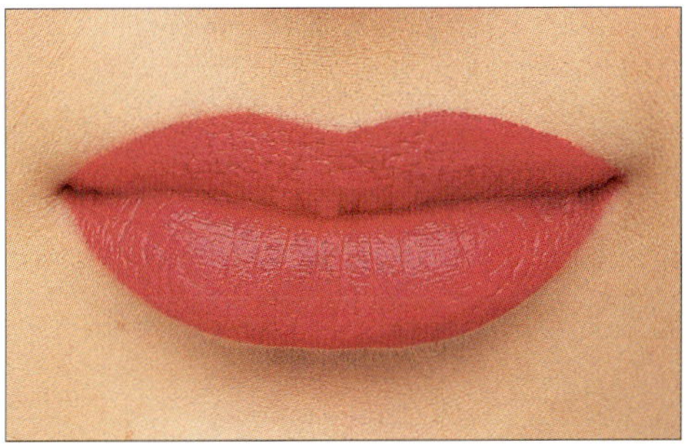

Lippenbogen *der Oberlippe nachziehen*

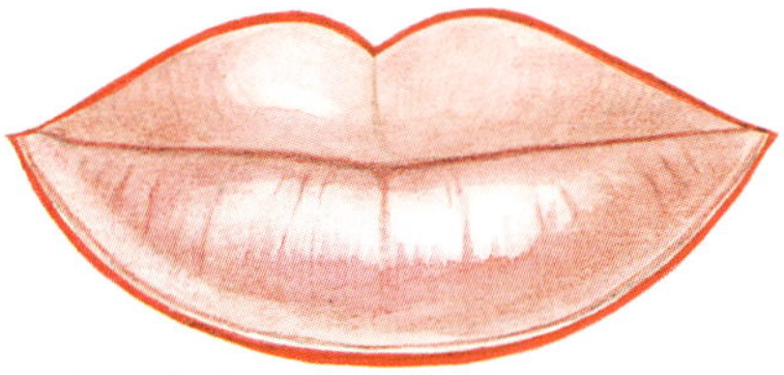

Unterlippe *leicht außerhalb der natürlichen Kontur ausmalen*

Kräftige, *klare Farbe auftragen*

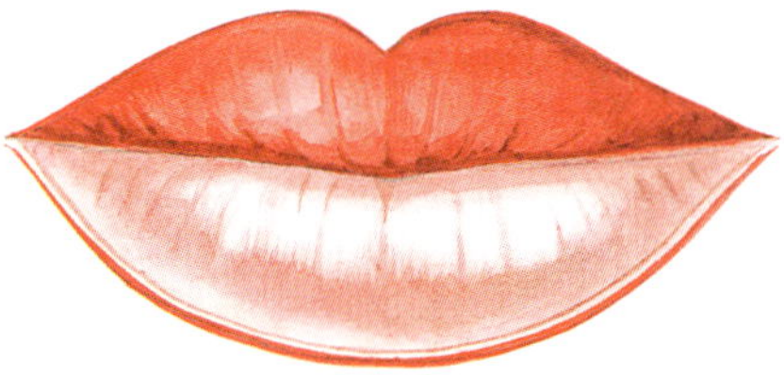

Leicht mit Grundierung *abdecken*

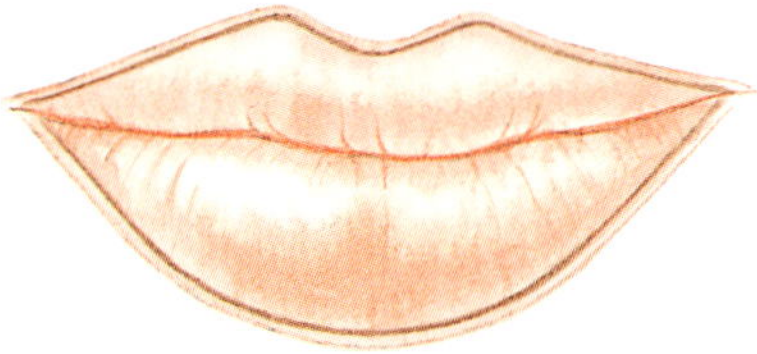

Innerhalb *der natürlichen Konturen nachziehen*

Farbe auftragen, *dabei Perlglanz oder glossige Farben vermeiden*

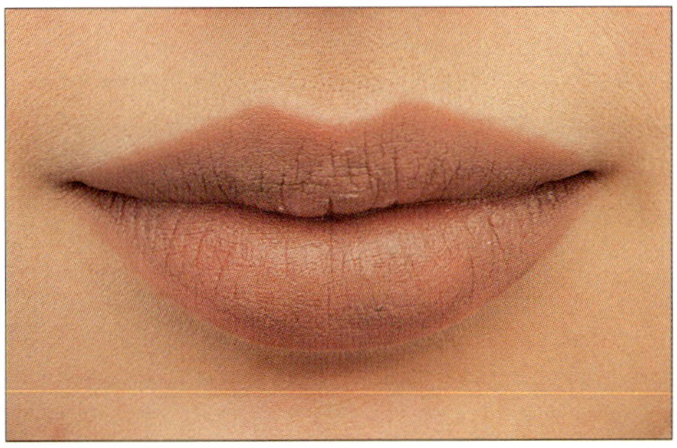

Leicht *mit Grundierung abdecken*

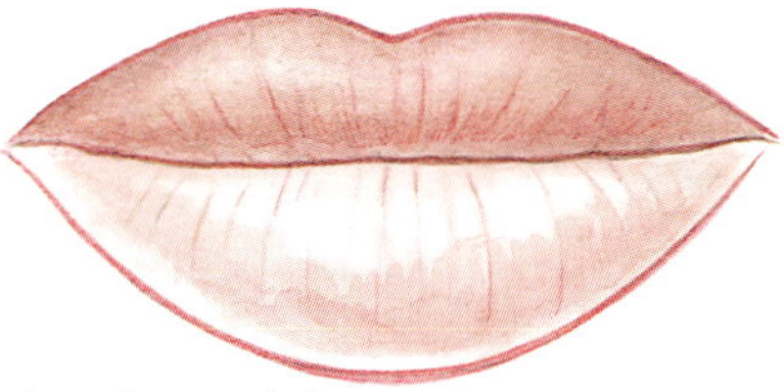

Entlang *der natürlichen Konturen nachziehen*

Auf die dunklere Lippe *hellere Farbe auftragen*

MANIKÜRE

Saubere, gepflegte Fingernägel sind die Voraussetzung für schöne Hände. Mit einer wöchentlichen Maniküre bleiben die Nägel in Schuß, und mit ein wenig Übung braucht man dafür nicht länger als eine halbe Stunde einzuplanen. Wenn Sie Ihre Nägel nicht lackieren möchten, polieren Sie sie einfach. Benutzen Sie täglich eine nährende, pflegende Handcreme (siehe Seite 10–11), und trocknen Sie Ihre Hände nach jedem Kontakt mit Wasser gut ab. Beim Abtrocknen können Sie mit dem Handtuch die Nagelhaut zurückschieben.

ZUBEHÖR

Orangenholzstäbchen

Nagelfeile

Unterlack

Nagellack

Überlack

WEITERE UTENSILIEN
Nagellackentferner
Watte
Schale mit Seifenwasser, mit einigen Spritzern Zitrone und Olivenöl versetzt
Nagelhärter
Kosmetiktücher

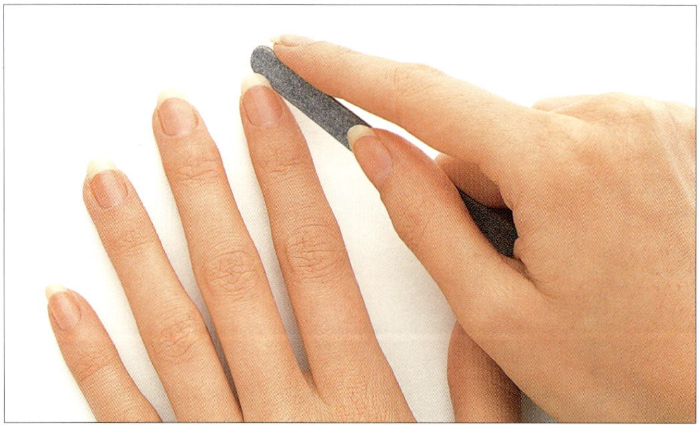

1 Nägel in Form feilen, dabei immer von außen zur Nagelmitte. Die Feile in langen Bewegungen über die Nagelkante führen, nicht »sägen«. Die Nagelspitze etwas abflachen, so daß sie nicht zu spitz ist. Wattebausch mit acetonfreiem Nagellackentferner tränken und alte Lackreste entfernen.

2 Hände einige Minuten in einer Schüssel mit Seifenwasser baden, dem einige Spritzer Zitronensaft und Olivenöl zugesetzt wurden. Das reinigt die Haut und macht sie geschmeidig. Hände gut abtrocknen und Schmutz unter den Nägeln mit einem Orangenholzstäbchen entfernen.

3 Die Nagelhaut mit einem Orangenholzstäbchen zurückschieben, dessen Spitze mit Watte umwickelt ist. Neigen Ihre Nägel zum Splittern, tragen Sie anschließend Nagelhärter auf. Gut trocknen lassen.

***Orangenholzstäbchen** mit etwas Watte umwickeln, um Verletzungen der Nagelhaut zu vermeiden.*

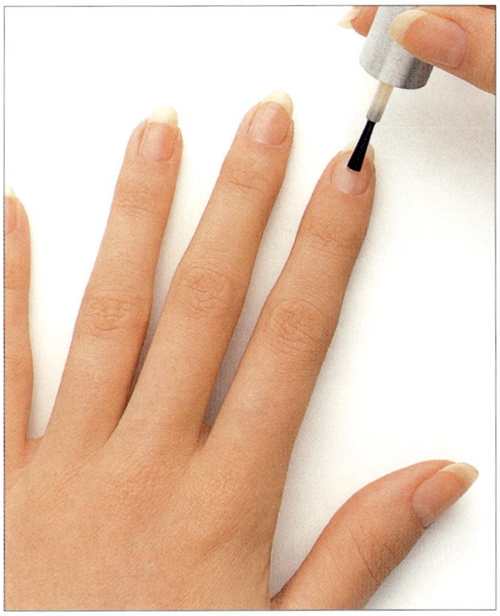

4 Die Hand auf eine flache Unterlage legen und Unterlack auftragen, damit die Nägel sich nicht verfärben. Außerdem stärkt der Unterlack die Nägel und bietet dem Nagellack eine geeignete Unterlage.

5 ▷ Dann wird der Nagellack aufgetragen: zuerst einen Strich in die Nagelmitte und je einen rechts und links davon. Gut trocknen lassen und eine zweite Schicht auftragen. Mit etwas Watte, um ein Orangenholzstäbchen gewickelt und in Nagellackentferner getaucht, oder einem Kosmetiktuch nehmen Sie eventuelle »Patzer« am Nagelrand ab. Ist der Lack trocken, tragen Sie eine Schicht transparenten Überlack auf.

DIE LACKIERTEN NÄGEL Die gereinigten, gefeilten und lackierten Nägel sehen sehr gepflegt aus.

TIPS

- *Kalzium – enthalten in Milchprodukten, Hülsenfrüchten, grünem Blattgemüse und Backobst – macht die Nägel gesund und fest. Allerdings braucht ein Nagel zur kompletten Erneuerung etwa sechs Monate – erwarten Sie also keine Wunder.*

- *Zum Entfernen des Lacks tränken Sie einen Wattebausch mit acetonfreiem Nagellackentferner und nehmen den Lack ab – dabei von der Nagelhaut in Richtung Nagelspitze wischen, nicht umgekehrt, denn sonst verfärbt der Lack die Haut.*

Die Nägel lackieren

TAGESLOOK Farben für tagsüber sollten nicht allzu auffällig sein: beispielsweise freundliche Rot- und Rosatöne, sanftes Beige und dunkles Blau. Zuerst feilen Sie die Nägel kurz und eckig, was praktisch und sportlich wirkt. Unterlack auftragen, gut trocknen lassen und zweimal farbig lackieren. Zum Schluß Überlack darübergeben.

Zubehör

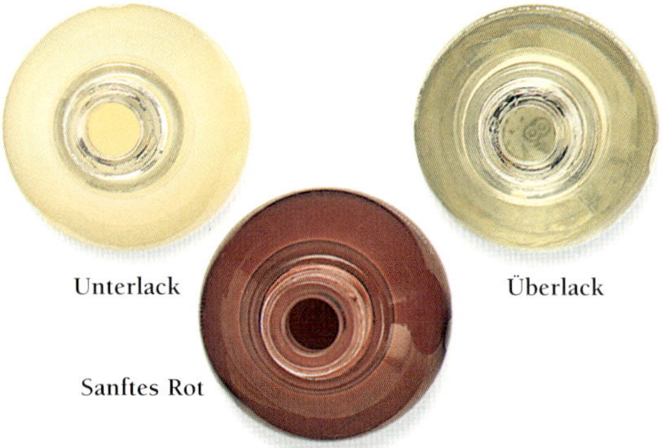

Der Effekt

Ein praktischer, natürlicher Stil *mit kurzen, eckig gefeilten Nägeln und einem sanften, unauffälligen Lack*

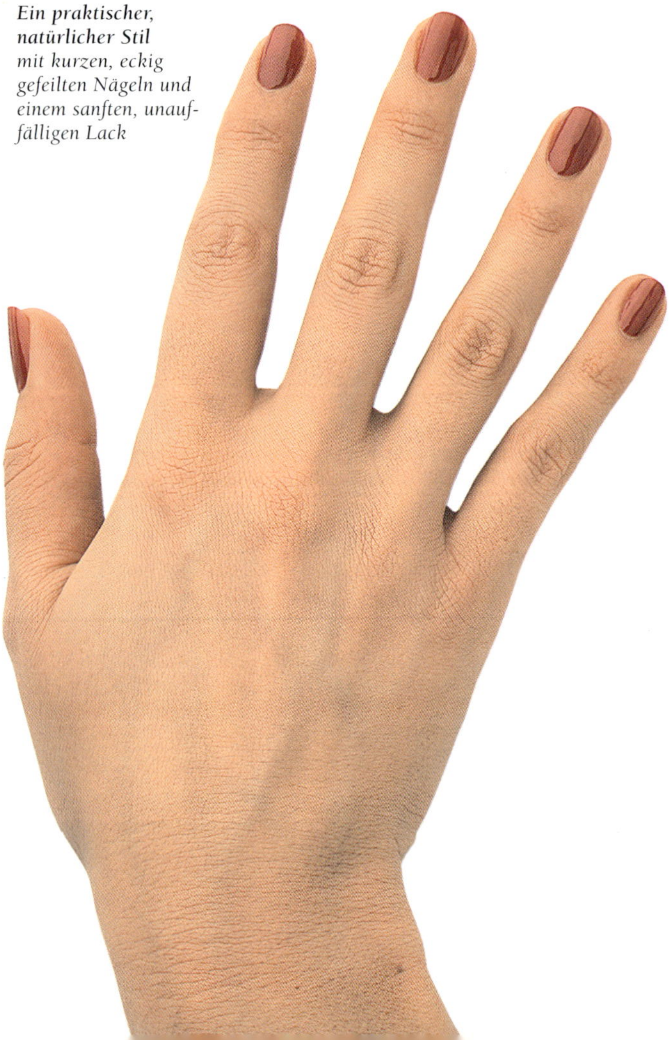

PARTYLOOK Eine gute Gelegenheit, mit Farben zu experimentieren, vor denen man tagsüber zurückschreckt. Zuerst Unterlack auftragen, dann zwei Schichten einer lebhaften, fluoreszierenden Farbe, wie beispielsweise dieses Grün. Für Extraglanz sorgt eine Schicht silbrig schimmernder Lack. Zum Schluß Überlack auftragen.

Zubehör

Der Effekt

Fluoreszierende Farben *sind toll für Partys. Eine Schicht glitzernder Silberlack sorgt für Hochglanz.*

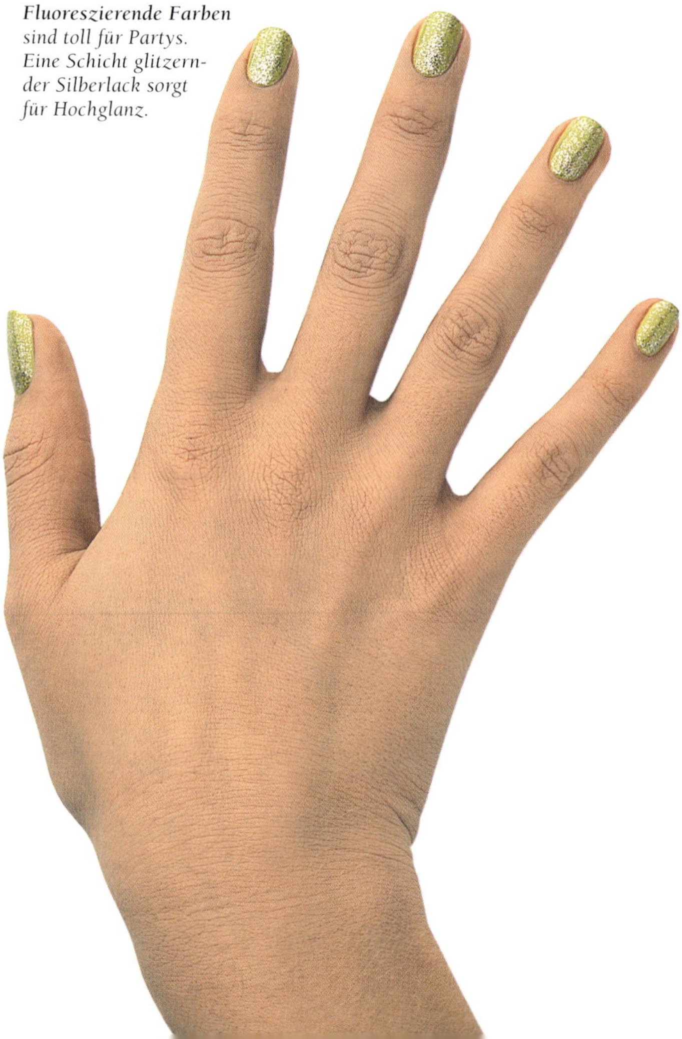

GLÄNZENDER GLAMOUR

Für einen glamourösen Effekt wählen Sie satte, dunkle Töne, die ein wenig dramatisch wirken. Die Nägel in eine längliche, ovale Form feilen und Unterlack auftragen. Mindestens zwei Schichten des farbigen Lacks auftragen, jeweils gut trocknen lassen. Zum Schluß eine Schicht Überlack darübergeben.

ZUBEHÖR

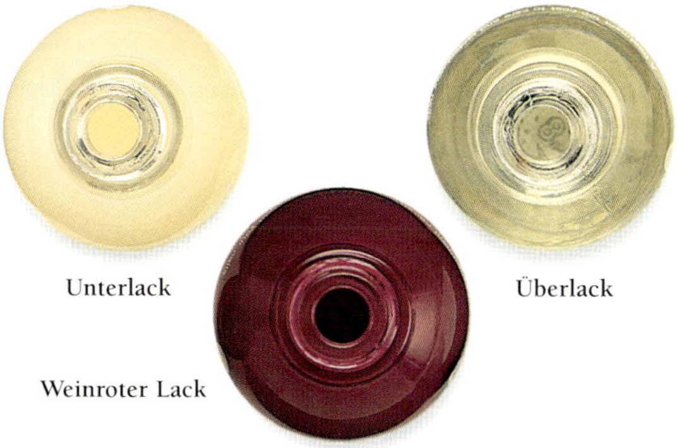

Unterlack

Überlack

Weinroter Lack

DER EFFEKT

Ein dunkler, »dramatischer« Lack *läßt die Nägel glamourös und raffiniert wirken.*

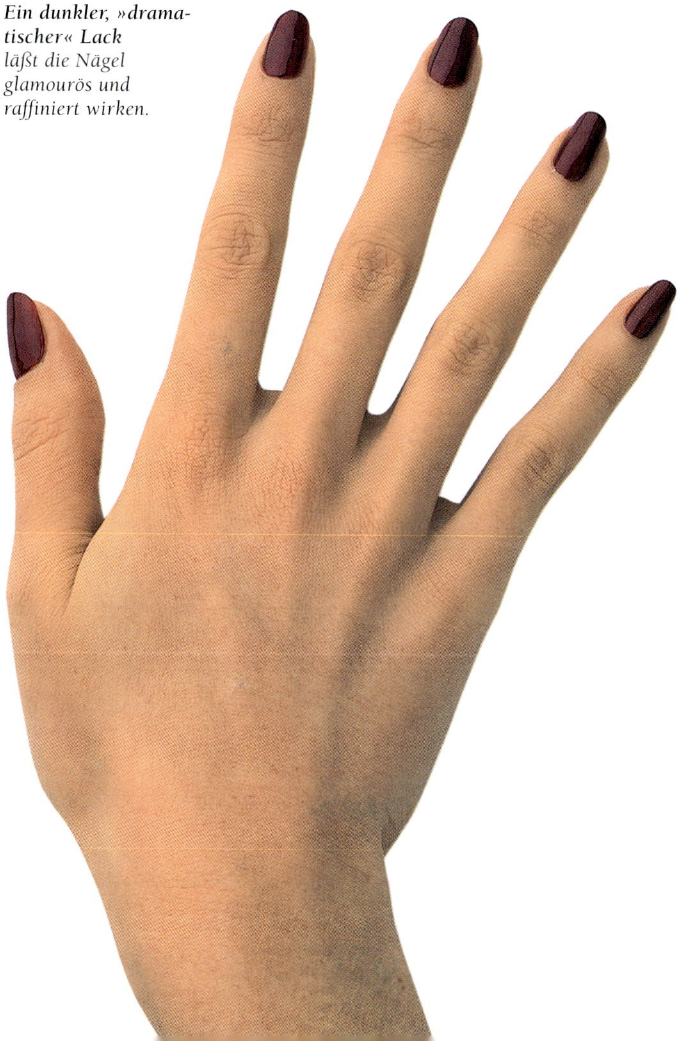

FRANZÖSISCHE NÄGEL

Dieser Look ist ideal, wenn Ihre Nägel perfekt gepflegt, aber nicht zu grell aussehen sollen. Erst Unterlack auftragen, dann etwas weißen Lack auf die Nagelspitzen geben. Gut trocknen lassen und sehr blasses Rosé oder Apricot auf den ganzen Nagel auftragen. Nach dem Trocknen Überlack darübergeben.

ZUBEHÖR

Blaßroséfarbener Lack

Unterlack

Weißer Lack

Überlack

DER EFFEKT

Dieser Look *läßt die Nägel sauber und frisch wirken und betont ihren natürlichen Schimmer.*

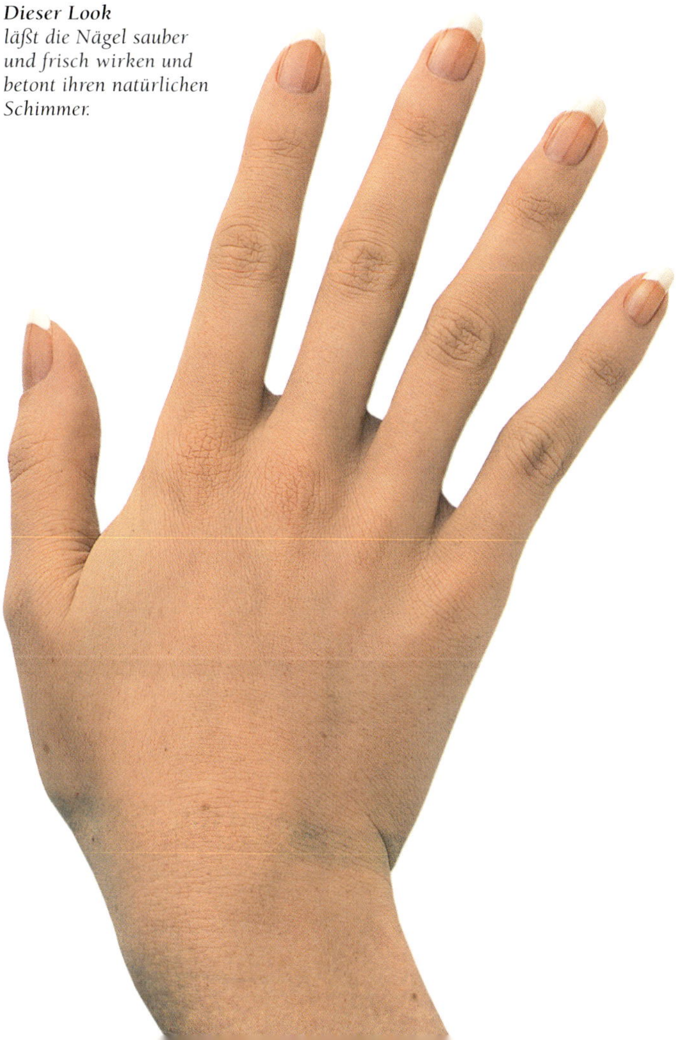

FARBWIRKUNGEN

IDEAL BEI HELLEM HAAR

Frisch und natürlich oder elegant und raffiniert – Farben können ganz unterschiedlich wirken.

GRÜNTÖNE Nach dem Grundieren goldenes Rouge und hellgrünen Perl-Lidschatten auftragen; das Lid in kräftigem Grün schminken. Kräftig grünen Puderstrich aufs Unterlid geben, etwas gelben Lidschatten unter die Brauen tupfen. Lippen in Terrakotta nachziehen und blaß terrakottafarben ausmalen.

PINKTÖNE Nach dem Grundieren kräftig pinkfarbenes Rouge auftragen und gut verwischen. Hellrosa Perl-Lidschatten übers Auge geben und dunkelrosa Perl-Lidschatten nur aufs Lid. Die Lippen in kräftigem Pink konturieren und mit zwei Schichten leuchtendem Pink ausmalen.

PALETTE DER GRÜNTÖNE

PALETTE DER PINKTÖNE

IDEAL BEI DUNKLEM HAAR

Von lebhaftem Orange bis zu kühlem Blau – Farben können Ihr Aussehen dramatisch verändern.

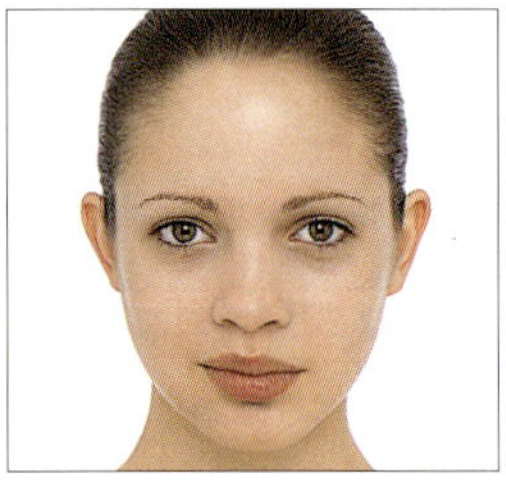

ORANGETÖNE Nach dem Grundieren braunes Rouge und goldenen Perl-Lidschatten auftragen; aufs Lid orangefarbenen Lidschatten geben. Verwischen. In der Lidfalte dunkles Orange, am oberen und unteren Wimpernansatz burgunderroten Puderstrich auftragen. Lippen orangefarben nachziehen und orangebräunlichen Lippenstift auftragen.

BLAUTÖNE Nach dem Grundieren hellrosa Rouge und blauen Perl-Lidschatten, aufs Lid kräftig blauen Lidschatten auftragen. Unteren Lidrand mit blauem Puderstrich linieren. Lippen mittelbraun konturieren, hell terrakottafarben ausmalen, mit einer Schicht Braun darüber.

PALETTE DER ORANGETÖNE

PALETTE DER BLAUTÖNE

Die Effekte

Natürliches Grün

Die Mischung *aus grünem und gelbem Lidschatten schafft einen natürlichen Look, der gut zu gebräunter Haut paßt.*

Die blaßgrünen Nägel *unterstreichen die frische Wirkung.*

Die hell terrakottafarbenen Lippen *und das goldene Rouge gleichen das farbstarke Augen-Make-up aus.*

Schmeichelndes Pink

Dieses elegante Make-up *beruht auf einer raffinierten Farbpalette und stellt die Lippen in den Mittelpunkt.*

Die rosa lackierten Nägel *sorgen durch den Glitzereffekt für einen Blickfang.*

Die Wirkung *der kräftig pinkfarbenen Lippen wird durch die in Perlglanztönen geschminkten Augen verstärkt.*

Leuchtendes Orange

Die Mischung *aus verschiedenen orangefarbenen Lidschatten schafft einen frischen, unkomplizierten Stil.*

Die leuchtenden Lidschatten *werden von den sanfter orangefarbenen Lippen perfekt ergänzt.*

Burgunderroter *Nagellack*

Mutiges Blau

Ein ausgefallenes kühles, *aber sehr raffiniertes Farbschema, das auf einer Kombination von sanften und kräftigen Blautönen basiert.*

Die kühlen pinkbraunen Lippen *unterstreichen die dramatische und geheimnisvolle Wirkung.*

KÖRPERPFLEGE-PROGRAMME

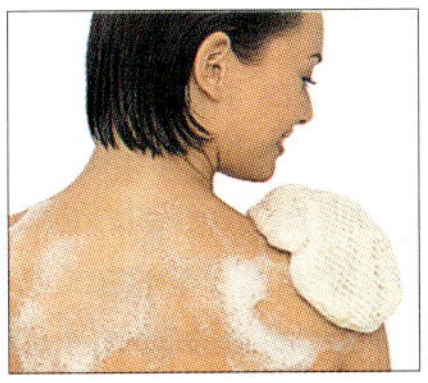

Ihr Körper verdient genauso viel Aufmerksamkeit wie Ihr Gesicht und sollte regelmäßig gepflegt werden. Die folgenden Körperpflegeprogramme reichen vom tiefenreinigenden Bad bis hin zu einer Selbst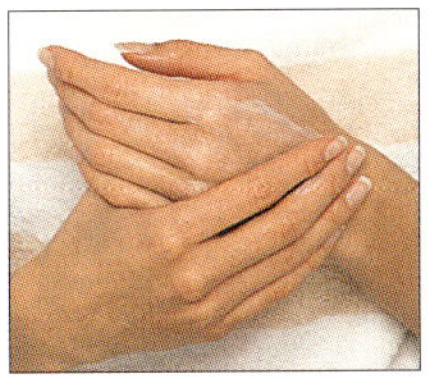massage – sie sollen Ihnen helfen, Ihren Körper in der vertrauten Umgebung des eigenen Badezimmers zu verwöhnen und den Alltagsstreß hinter sich zu lassen. Außerdem finden Sie auf den folgenden Seite Tips und Hinweise 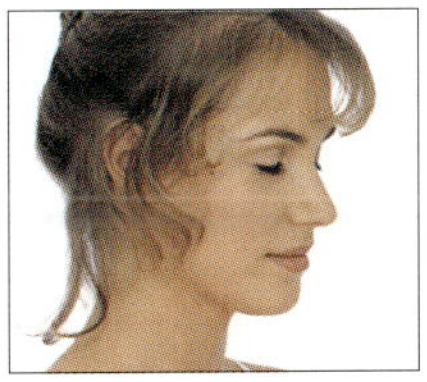 zur Ernährung, zu Körperübungen und zur Entspannung.

KÖRPERPFLEGEPROGRAMME

Hand- und Fusspflege

Wie gepflegt Ihr Äußeres auch sein mag – rauhe, faltige Hände zerstören das beste Gesamtbild! Die Haut an den Händen leidet schnell unter Feuchtigkeitsmangel und anderen Schäden, weil sie tagtäglich der Austrocknung durch Wind, Sonne und Wasser ausgesetzt ist. Das kann bedeuten, daß die Hände vor allen anderen Körperbereichen erste Anzeichen des Alterungsprozesses aufweisen. Ihr Zustand hängt stark davon ab, wie gut Sie sie pflegen. Auch die Füße werden bei der Körperpflege gern übersehen – und das, obwohl auf ihnen der ganze Körper ruht. Ebenso wie die Hände verdienen auch die Füße besondere Aufmerksamkeit; sie sollen sich frisch anfühlen und frei von rauhen Verhornungen sein.

Feuchtigkeitspflege

Die tägliche Pflege mit einer feuchtigkeitsspendenden Handcreme oder Lotion sorgt für weiche, geschmeidige Hände. Außerdem bietet sie Schutz gegen die Elemente und aggressive Reinigungsprodukte. Am besten cremen Sie Ihre Hände abends nach dem Baden ein, denn dann ist die Haut besonders aufnahmefähig. Einen zusätzlichen Schutz bietet eine Handcreme mit Lichtschutzfaktor (siehe Seite 109).

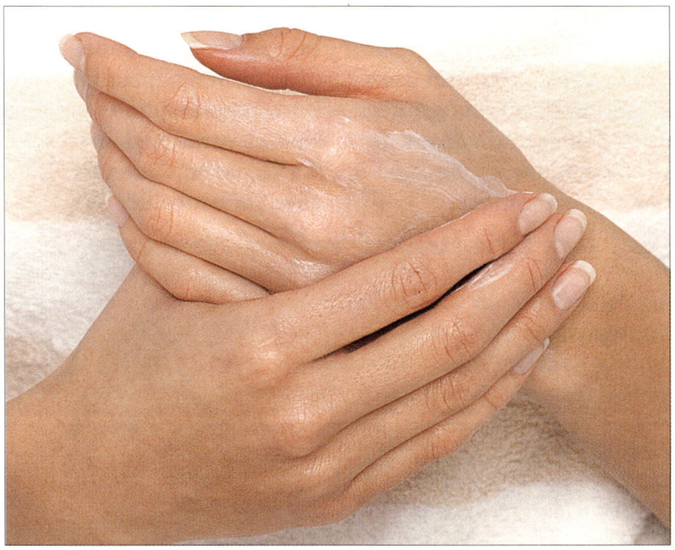

1 Waschen Sie Ihre Hände, und trocknen Sie sie gut ab (komplette Reinigung siehe Seite 100).

2 ◁ Massieren Sie Handcreme in beide Hände ein, und schieben Sie dabei die Nagelhaut vorsichtig mit dem Handtuch zurück. Eine Handmassage regt die Durchblutung an, baut Verspannungen ab und beseitigt Versteifungen.

Die Füsse verwöhnen

Die Füsse sind der am meisten belastete Teil des Körpers, aber nur selten nehmen wir uns die Zeit, ihnen die Aufmerksamkeit zu schenken, die sie verdienen. Verwöhnen Sie Ihre Füße einmal wöchentlich mit Pediküre und Fußmassage.

1 Baden Sie Ihre Füße etwa zehn Minuten in einer Schüssel mit heißem Wasser, dem Sie zwei, drei Tropfen enstpannend wirkendes Lavendelöl zugeben.

2 Füße abtrocknen, Nägel abknipsen und glattfeilen.

3 Füße mit Körperpeelingcreme abreiben, dabei besonders auf die Verhornungen an Ferse und Ballen achten. Anschließend die Peelingcreme gut abspülen und die Füße abtrocknen.

4 ▷ Fuß gut mit der Hand abstützen, den Daumen dafür an die Sohle und die Finger an den Fußrücken legen. Mit der anderen Hand eine kühlende Fußlotion oder die gewöhnliche Körpermilch einmassieren. An den Zehenansätzen beginnen und sich mit kreisenden Bewegungen von Daumen und Zeigefinger vorarbeiten.

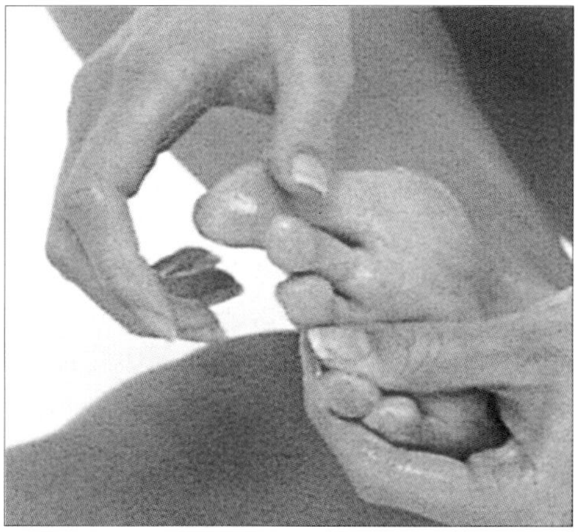

5 △ Die Lotion auch zwischen den Zehen einmassieren und jeden Zeh einzeln massieren, indem Sie ihn zwischen Ihren Fingern rollen. Das fördert die Durchblutung und belebt die Akupressurpunkte. Die Schritte 4 und 5 beim anderen Fuß wiederholen.

6 Legen Sie Ihre Füße fünf bis zehn Minuten hoch – entweder auf ein Kissen oder gegen die Wand gelehnt. Das löst Verspannungen in Fuß und Bein und ist hilfreich bei schmerzenden Venen.

Beginnen Sie an den Zehenansätzen, *und arbeiten Sie sich in kleinen kreisenden Bewegungen mit Daumen und Zeigefinger vor.*

Baden und Duschen

Stellen Sie sich Ihr Bad als Ort der Ruhe vor, an dem Sie dem Alltagsstreß entfliehen, an dem Sie entspannen und sich am Ende eines anstrengenden Tages verwöhnen können. Ein warmes Bad am Abend löst nicht nur die Anspannung, sondern belebt auch die Durchblutung, macht die Haut weich und geschmeidig, beruhigt müde, schmerzende Gelenke und öffnet die Poren für die Nachtpflege. Vielleicht können Sie besser entspannen, wenn Sie ein Buch mit in die Wanne nehmen oder aber Ihre Augen mit einer Kompresse bedecken und beruhigende Musik hören. Legen Sie schon vor dem Bad ein angewärmtes Handtuch und einen Bademantel bereit, in den Sie dann hineinschlüpfen können.

Den Körper reinigen

1 Lassen Sie warmes Wasser in die Wanne – es sollte jedoch nicht zu heiß sein, weil sich dann der Herzschlag beschleunigt und Sie nach dem Bad möglicherweise nicht einschlafen können. Geben Sie entspannende Badekristalle oder Badeöl ins Wasser (eventuell ein Produkt mit Meermineralien oder -salz). Bevor Sie in die Wanne steigen, prüfen Sie, ob die Temperatur angenehm ist.

2 Lehnen Sie sich im warmen Wasser zurück, so daß Ihr Körper möglichst ganz bedeckt ist. Schließen Sie die Augen – oder legen Sie Augenkompressen auf –, und entspannen Sie sich mindestens zehn Minuten lang. Wenn Ihnen das Abschalten schwerfällt, probieren Sie es mit einer Entspannungsübung (siehe Seite 108).

Reinigen Sie Ihren Körper mit sanften, kreisenden Bewegungen.

3 ◁ Verwenden Sie einen Badehandschuh; waschen Sie Ihren Körper von den Füßen nach oben. Zur porentiefen Reinigung geben Sie etwas Körpershampoo auf den Handschuh und verwöhnen Ihren Körper mit kleinen, kreisenden Bewegungen.

4 Entspannen Sie noch einmal zehn Minuten im warmen Wasser (falls nötig, etwas heißes Wasser nachlaufen lassen), und bearbeiten Sie unterdessen die Akupressurpunkte an den Fußsohlen und Schienbeinen (siehe gegenüberliegende Seite).

5 Streifen Sie dann den Schaum von Ihrem Körper, und trocknen Sie sich sorgfältig mit dem vorgewärmten Handtuch ab. Massieren Sie Ihren ganzen Körper mit einer fettfreien Lotion (siehe Seite 114–115).

Akupressurpunkte

Akupressur kann man sich wie Akupunktur ohne Nadeln vorstellen. Akupressur ist in erster Linie eine Methode zur Selbstbehandlung, bei der mit den Fingern Druck auf bestimmte Punkte ausgeübt wird – auf diese Weise löst man Schmerzen und fördert durch die Anregung des Energieflusses im Körper die Gesundheit. In Japan ist diese Technik unter dem Namen Shiatsu oder »Fingermassage« bekannt. Der Körper weist etwa 600 verschiedene Akupressurpunkte auf; oft sind sie empfindlicher als die umliegenden Bereiche und können daran erkannt werden, daß sie etwas tiefer liegen. Mit den Fingern übt man einige Sekunden lang jeweils drei- bis viermal leichten Druck aus.

1 Üben Sie Druck auf den Akupressurpunkt auf der Fußsohle aus (mit A bezeichnet). Druck einige Sekunden halten, nachlassen und drei- bis viermal wiederholen. Dieser Punkt steht mit den Nieren in Verbindung, bringt bei Problemen mit diesem Organ Erleichterung und stimuliert den Energiefluß.

2 Üben Sie nun Druck auf den Punkt neben dem Knöchel aus (mit B bezeichnet). Druck einige Sekunden halten, nachlassen und drei- bis viermal wiederholen. Dieser Punkt fördert die Verdauung und kann bei Rückenschmerzen Erleichterung bringen.

3 Üben Sie Druck auf die Akupressurpunkte entlang des Schienbeins aus – dabei vom untersten Punkt nach oben vorgehen. Druck einige Sekunden halten, nachlassen und drei- bis viermal wiederholen. Dieser Punkt verbessert den Blutkreislauf und vertreibt Müdigkeit aus den Beinen.

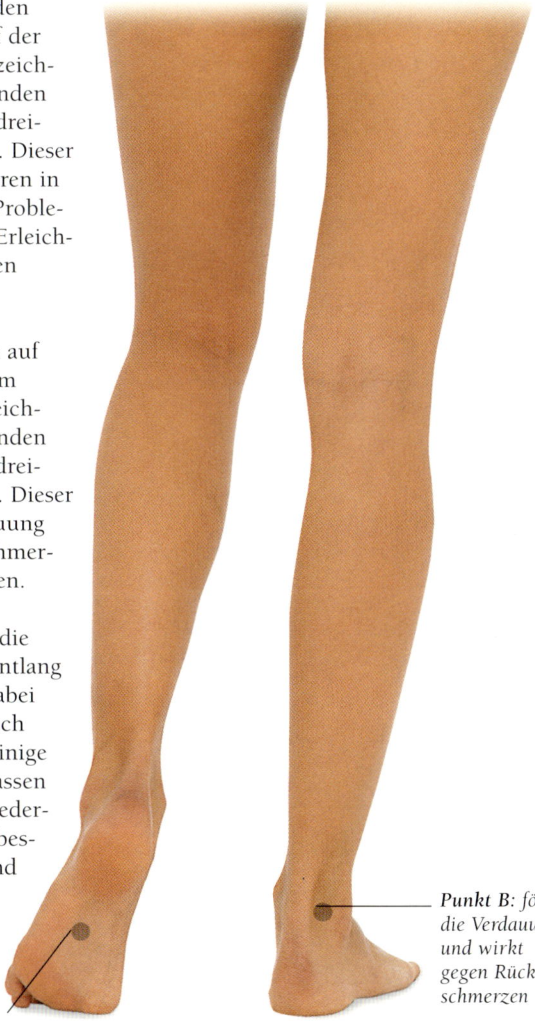

***Punkt A:** stimuliert den Energiefluß*

***Punkt B:** fördert die Verdauung und wirkt gegen Rückenschmerzen*

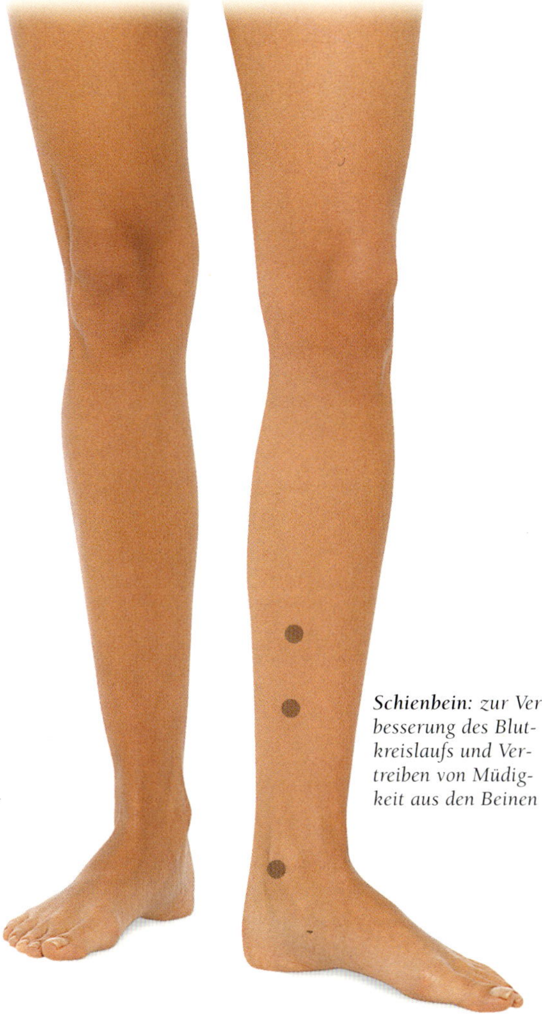

***Schienbein:** zur Verbesserung des Blutkreislaufs und Vertreiben von Müdigkeit aus den Beinen*

Bürstenmassage

Wenn Sie Ihre Haut porentief reinigen möchten, gönnen Sie ihr vor jedem Bad und jeder Dusche eine Bürstenmassage. Die Bürstenmassage entfernt abgestorbene Hautzellen und Verschmutzungen. Eine Bürstenmassage auf trockener Haut hilft außerdem im Kampf gegen die Cellulite (siehe Seite 117), denn sie regt das lymphatische Drainagesystem an, das in den Fettzellen eingelagerte Giftstoffe abtransportiert. Die Ganzkörper-Bürstenmassage sollte etwa fünf Minuten dauern – danach fühlt sich ihre Haut weich, aber deutlich gekräftigt an. Ist sie jedoch rauh und gereizt, haben Sie zu stark gebürstet.

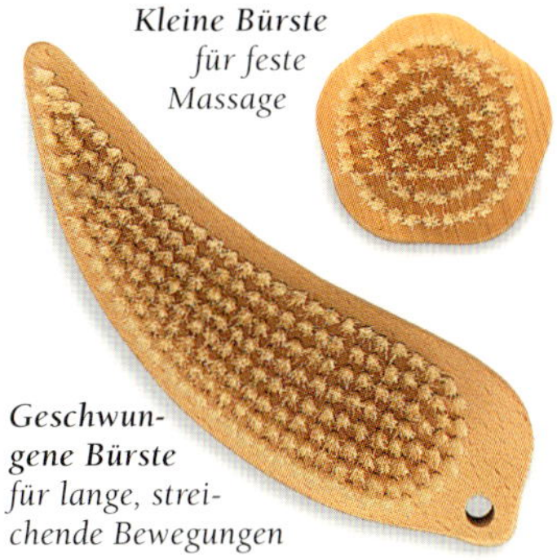

***Kleine Bürste** für feste Massage*

***Geschwungene Bürste** für lange, streichende Bewegungen*

Wählen Sie eine Bürste mit Naturborsten, und massieren Sie Ihre Haut in langen, streichenden Bewegungen in Richtung Herz. Beginnen Sie bei den Fußsohlen, und arbeiten Sie sich zu den Knien hinauf. Oberschenkel, Hüften und Po werden mit festeren Bewegungen bedacht, Bauch und Brust mit sanfteren. Für den Rücken verwenden Sie eine Bürste mit langem Stiel.

Tägliche Kräftigungsmassage

Massage diente lange Zeit der Muskelentspannung und dem Abbau von Streß. Außerdem regt sie den Kreislauf an und befördert Giftstoffe aus dem Körper. Aber in allererster Linie unterstützt sie Ihr Wohlbefinden. Lassen Sie nach dem Bad zehn Minuten verstreichen, und gönnen Sie Ihrem Körper dann eine Massage. Gehen Sie dabei mit fließenden, rhythmischen Bewegungen vor, und versuchen Sie, so gut wie möglich zu entspannen. Verwenden Sie für die Massaeg ein spezielles Öl oder Ihre gewöhnliche Körpermilch.

1 Setzen Sie sich bequem hin, geben Sie etwas Öl oder Körpermilch in Ihre Hände, legen Sie sie auf die Wade, und verteilen Sie Öl oder Milch mit kreisenden Bewegungen nach oben. Diesen Griff fünfmal wiederholen. Dann zum anderen Bein übergehen.

2 Legen Sie acht Finger auf die Wade, und streichen Sie nach oben. Dieser Griff stimuliert das lymphatische Drainagesystem. Am anderen Bein wiederholen.

3 Fassen Sie mit einer Hand das Fett am Oberschenkel, ziehen Sie es leicht nach oben, und massieren Sie das Gewebe, indem Sie mit dem Daumen Druck ausüben. Mit der anderen Hand wiederholen und etwa fünf Minuten lang abwechseln. Am anderen Oberschenkel wiederholen.

4 Massieren Sie die Arme, um Spannungen in den Schultern abzubauen. Dazu gehen Sie vom Handgelenk in Richtung Schulter vor. Am anderen Arm wiederholen.

5 ◁ Kneten Sie den Arm, und konzentrieren Sie sich dabei besonders auf die fleischigen Stellen. Am anderen Arm wiederholen.

6 Legen Sie sich auf den Rücken, und kneten Sie Ihren Bauch mit Fingern und Daumen. Dann rollen Sie sich auf die Seite und führen diesen Griff an Hüfte und Po aus. Auf der anderen Seite wiederholen.

7 Stehen Sie auf, ballen Sie Ihre Hände zu Fäusten, und klopfen Sie so rasch wie möglich über Po und Hüften (bei einer Massage vor dem Zubettgehen sollten Sie auf diese Übung besser verzichten, weil sie den Kreislauf anregt).

***Sie kneten Ihren Arm** und konzentrieren sich dabei auf die fleischigen Stellen.*

***Sie sitzen** so bequem wie möglich.*

BESONDERS STRAFFENDE MASSAGE

EINMAL PRO WOCHE sollten Sie sich für die Massage etwas mehr Zeit nehmen und Schlüsselbereichen wie Taille, Armen und Beinen besondere Aufmerksamkeit widmen. An diesen Stellen sammeln sich besonders leicht Fettpölsterchen an, und die Muskeln verlieren ihre Spannung. Konzentrieren Sie sich auf die unten hervorgehobenen Bereiche, und anstatt zu kneten, kneifen Sie kräftig das Gewebe. Dann massieren Sie diese Partien etwa fünf Minuten lang. Das fördert die Durchblutung dieser Bereiche und regt das lymphatische Drainagesystem an. Verwenden Sie entweder ein spezielles Massageöl oder Ihre gewöhnliche Körpermilch.

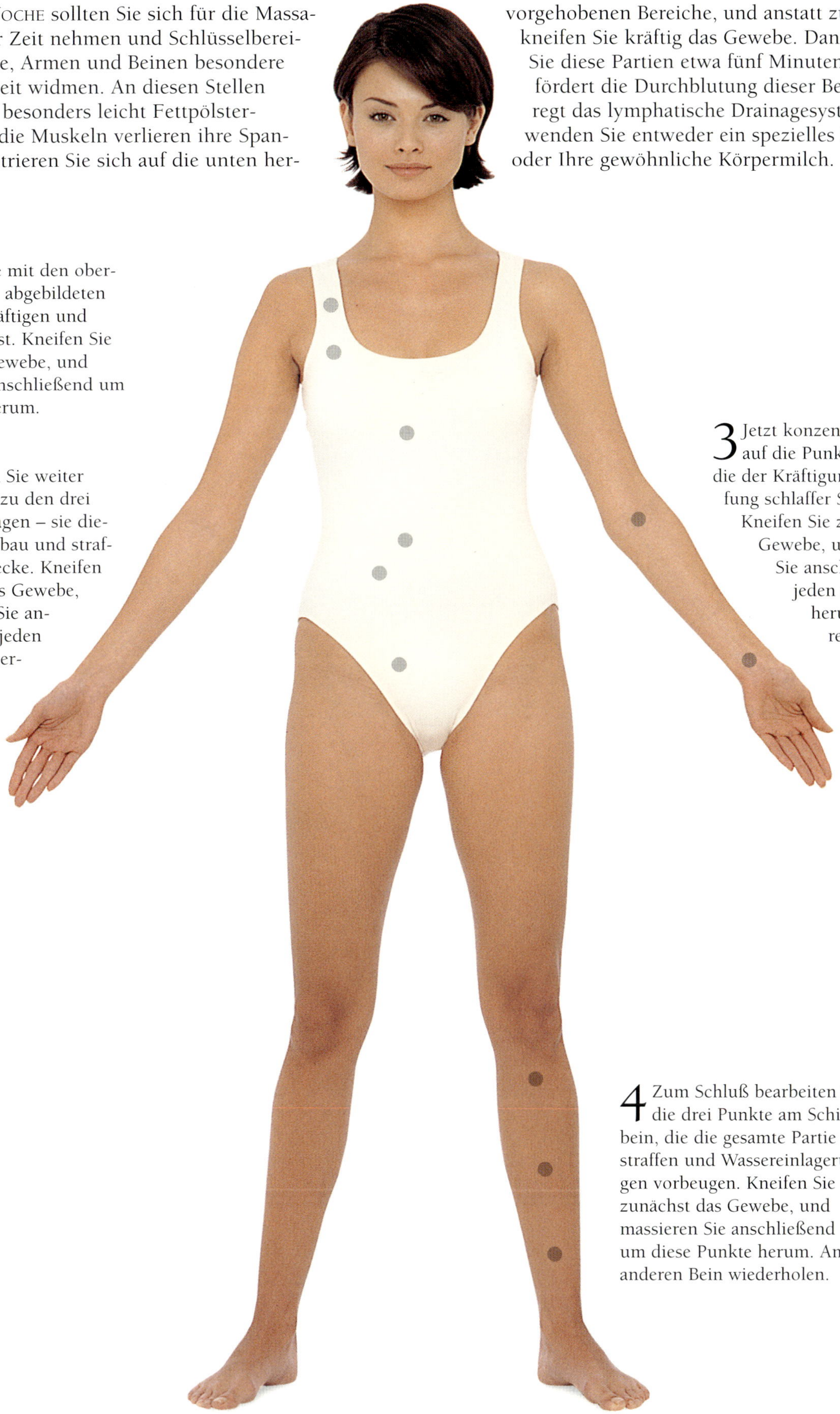

1 Beginnen Sie mit den obersten drei der abgebildeten Punkte – sie kräftigen und straffen die Brust. Kneifen Sie zunächst das Gewebe, und massieren Sie anschließend um diese Punkte herum.

2 Dann gehen Sie weiter nach unten zu den drei Punkten am Magen – sie dienen dem Fettabbau und straffen die Bauchdecke. Kneifen Sie zunächst das Gewebe, und massieren Sie anschließend um jeden dieser Punkte herum.

3 Jetzt konzentrieren Sie sich auf die Punkte am Arm, die der Kräftigung und Straffung schlaffer Stellen dienen. Kneifen Sie zunächst das Gewebe, und massieren Sie anschließend um jeden dieser Punkte herum. Am anderen Arm wiederholen.

4 Zum Schluß bearbeiten Sie die drei Punkte am Schienbein, die die gesamte Partie straffen und Wassereinlagerungen vorbeugen. Kneifen Sie zunächst das Gewebe, und massieren Sie anschließend um diese Punkte herum. Am anderen Bein wiederholen.

KÖRPERPEELING

Zwei- bis dreimal pro Woche sollten Sie Ihrem Körper ein Peeling entweder mit einer Körperbürste oder einer Peelingcreme – gönnen. Das Peeling entfernt abgestorbene Hautzellen, gibt der Haut eine feinere Struktur sowie ein frischeres Aussehen und fördert die Durchblutung. Ein Peeling entfernt außerdem leichtere Verhornungen, beispielsweise an den Fersen, Knien und Ellbogen. Durch das Entfernen der toten Hautzellen kann anschließend die Creme besser in die Haut einziehen. Körperpeelingcremes sind grobkörniger als Gesichtspeelings; deshalb sollten Sie empfindliche Bereiche aussparen.

1 Massieren Sie das Peeling in die nach dem Duschen noch feuchte Haut ein, besonders in jene Bereiche, die zu Cellulite neigen: Hüfte, Po und Oberschenkel. Massieren Sie jedes dieser Areale etwa zwei Minuten lang, rubbeln Sie aber nicht zu fest, denn sonst wird die Haut rot und trocken.

2 ◁ Dann konzentrieren Sie sich auf die Bereiche, an denen sich schnell Verhornungen bilden: die Ellbogen, die Vorderseiten der Knie und die Fersen. Massieren Sie die Peelingcreme am besten mit einer kleinen Bürste ein.

3 Spülen Sie unter der Dusche alle Reste der Peelingcreme ab, und massieren Sie mit dem Wasserstrahl in kreisenden Bewegungen Oberschenkel, Hüften, Po und Brüste. Ganz Mutige beenden das Duschen mit einem kalten Guß.

4 Rubbeln Sie sich mit einem festen Tuch sanft trocken, und massieren Sie dann eine feuchtigkeitsspendende Körperlotion in die Haut (siehe Seite 114).

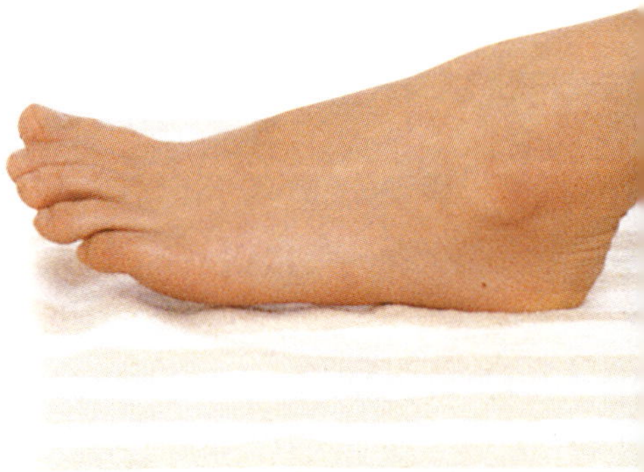

Cellulite-Behandlung

Cellulite, auch als »Orangenhaut« bekannt, ist eine unschöne Erscheinung, bei der die Haut – besonders an Oberschenkeln, Po und Hüften – Dellen bildet. Sie tritt nicht nur bei Übergewicht auf, sondern ist vielmehr ein Zeichen dafür, daß sich in diesen Bereichen Schadstoffe und Fett angesammelt haben. Auch dünne Menschen können Cellulite entwickeln. Spezielle Massagen der Problemzonen dämmen sie ein, weil dadurch der Abtransport von Abfallstoffen unterstützt und die Haut außerdem straffer wird. Auch Bewegung, die den oberen Beinbereich einbezieht (Radfahren, Jogging), kann helfen.

Problemzonen straffen

1 Mit einem speziellen Anticellulite-, einem Massageöl oder einer Körpermilch kneten Sie Po und Hüften, wobei Sie das Gewebe zuerst mit der einen, dann mit der anderen Hand kneifen und etwas wegziehen.

2 Nötigenfalls noch etwas Öl auftragen und vom Knie bis zum Oberschenkel und von den Kniekehlen bis zum Po streichen. Am anderen Bein wiederholen.

3 ▷ Oberschenkel an Vorder- und Rückseite vom Knie bis nach oben hin mit festen Griffen kneten, wobei Sie das Gewebe kneifen und etwas wegziehen. Das fördert die Durchblutung und die lymphatische Drainage. Am anderen Bein wiederholen.

4 Legen Sie oberhalb des Knies beide Hände ums Bein, und drücken Sie das Gewebe nach oben in Richtung Oberschenkel. Am anderen Bein wiederholen.

Mit festen Griffen *das Gewebe am Oberschenkel kneten und wegziehen.*

Register

DANKSAGUNG

DANKSAGUNG DER AUTORIN
Ich danke Dorling Kindersley für das begabte und professionelle Team, das mit mir an diesem Buch gearbeitet hat. Besonders danke ich Louise Elliott für ihre außergewöhnliche Fähigkeit, Magisches greifbar zu machen, Michele Walker für ihr unbestechliches Auge, Helen Diplock für den Designentwurf für das gesamte Buch, Carole Ash für ihre klare Arbeit als Art-director, Susannah Marriott für ihre Arbeit als Lektorin sowie allen anderen, die mit der Entstehung und Produktion dieses Buches befaßt waren. Wir alle waren so unglaublich unisono, daß ich selbst nach Problemen Ausschau hielt. Aber es waren keine in Sicht. Das Buch wurde von einer Welle des Glücks, der guten Zusammenarbeit und der Freude getragen – was nicht zuletzt den köstlichen »fotografischen Lunches« von Maureen Barrymore zu verdanken war.
Außerdem danke ich Maureen Barrymore für ihre wunderbaren Fotografien, Dave King für die klaren, verständlichen Schritt-für-Schritt-Foto-Sequenzen, Cathy Lomax für ihren guten Geschmack, der mir außerordentlich zugesagt hat, Vidal Sassoon dafür, daß er uns für das Hairstyling Billi Currie, Peter Gray und Ben Skervin an die Seite gegeben hat, allen Modellen, die uns so großzügig ihre Schönheit zur Verfügung gestellt haben, und der Managerin Angela Watson sowie der Beraterin Sarah Stent vom Mary Quant Colour Shop, die mit ihrem erfahrenen Blick über das Buch geschaut und zahlreiche gute Tips von der Hautpflege bis zum Make-up gegeben haben.

DANKSAGUNG DES ORIGINALVERLAGS
Dorling Kindersley dankt folgenden Personen: Claire Maxwell-Hudson für die kritische Durchsicht der Massagesequenzen von den Seite 68 bis 71 und 108 bis 117, Angela und Sarah vom Mary Quant Shop für ihre grenzenlose Geduld und die Begeisterung, mit der sie an dem Projekt mitgearbeitet haben, Sara Mulholland-Wright von Profile für ihre Tips und Hilfe beim Casting und Buchen der Models, Nasim Mawji für die Recherche und das Testen der Produkte.

Fotografen: Maureen Barrymore: Seiten 6–15, 18–27, 32 links unten und rechts oben, 34, 35 oben, 36, 37 oben, 56–57, 72–73, 98 unten, 104–117. Dave King: Seiten 28–31, 32 rechts unten, 33, 37 unten, 58–71, 74–93, 96–103. Martyn Thompson: Seiten 16–17, 32 oben links, 35 unten, 94–95.

DK Foto-Studio: Steve Gorton: Seiten 10–25 Zubehör, 38–55 Kosmetikprodukte, 80–83 Zubehör, 86–101 Zubehör. Sarah Ashun: Seiten 34–37 Zubehör, 74–79 Zubehör, 84–85 Zubehör, 102–105 Zubehör, sowie die Assistenz für Steve.

Models: Audrey Drake, Caroline Iuel Brockdorff, Francesca Howie, Gitte Rosengaard, Katie Thomlinson, Mary Grimes, Rachel Clarke, Stephanie Green, Susan Lelis und Vanessa Franco von Profile. Gillian McConnachie, Karen Elson, Mayumi Cabrera, Terri Seymour und Wendy von Models 1. Jo Branfoot, Michelle Mason, Oxana Popkova und Sonia Gardner von Select. Donna Astbury, Holly Venn und Natasha Brice von Storm. Wendi Anthony von IMG Models. Kanako Morishit von Oriental Casting Agency. Charlotte Saunders und Kara O'Neill von 2 Management. Sara Francis von Freddie's. Shoko Kai. Joanna Aitkens.

Make-up: Cathy Lomax von Debbie Walters, außer: Jane Bradley von The Worx Seiten 58–62, 98 Mitte, 108–117. Fay Leith: Seiten 63, 64–71, 78–79, 82–83, sowie Assistenz von Cathy. Besonderer Dank gilt Cathy für ihre Beratung und die redaktionellen Hinweise auf den Seiten 10–25 und 74–105.

Frisuren: Billi Currie, Peter Gray und Ben Skervin von Vidal Sassoon, Alison Johnson für das Buchen.

Kleidung und Make-up: Mary Quant Shop, 3 Ives Street, London SW3 2NE. Hinweise für Mail-Order unter 0171-5811811. Schmuck auf den Seiten 20–21 von Butler & Wilson.

Fotografische Retusche:
Ken McMahon von Pelican Graphics.

Produktretusche:
Tim Weare & Partner.

Artworks: Karen Cochrane von Arrow Artworks für das gesamte Buch, ebenso die Zeichnungen zu den Gesichtsformen auf den Seite 84–85.

Illustrationen: Julie Carpenter für die Seiten 29, 30–31, 94–95 und 98–99.